Paris
1867

Jannet, Claudio

Etude sur la loi Voconia

fragment pour servir à l'histoire des institutions juridiques au VIe siècle de Rome

ÉTUDE

SUR

LA LOI VOCONIA

FRAGMENT POUR SERVIR A L'HISTOIRE DES INSTITUTIONS
JURIDIQUES AU VIme SIÈCLE DE ROME

PAR

CLAUDIO JANNET

AVOCAT A LA COUR IMPÉRIALE D'AIX
DOCTEUR EN DROIT

PARIS

AUGUSTE DURAND ET PÉDONE-LAURIEL, LIBRAIRES

7, rue Cujas, 7

1867

ÉTUDE

SUR

LA LOI VOCONIA

ÉTUDE

SUR

LA LOI VOCONIA

FRAGMENT POUR SERVIR A L'HISTOIRE DES INSTITUTIONS
JURIDIQUES AU VIme SIÉCLE DE ROME

PAR

CLAUDIO JANNET

AVOCAT A LA COUR IMPÉRIALE D'AIX

DOCTEUR EN DROIT

PARIS

AUGUSTE DURAND ET PÉDONE-LAURIEL, LIBRAIRES

7, rué Cujas, 7

1867

La loi Voconia ne mérite pas seulement d'arrêter le jurisconsulte , par l'intérêt qui s'attache toujours à la restitution
d'un monument législatif antérieur de plusieurs siècles à l'époque de la jurisprudence classique ; elle appelle aussi l'attention
de l'historien par sa portée politique et par les circonstances au
milieu desquelles elle se produisit. Elle date , en effet , de cette
période de l'histoire romaine, où les vieilles mœurs et la constitution de la République s'altéraient rapidement sous l'action
d'un développement subit de la richesse générale , mais où le
débordement du luxe et des vices rencontraient encore une énergique résistance dans des hommes fortement imbus des traditions anciennes. Caton-le-Censeur fut le type le plus accentué de
ces hommes , le champion le plus déterminé de cette lutte : il
voulait rétablir la discipline domestique, base première de la

constitution publique, et réfréner chez les femmes ce goût du luxe et cet esprit d'indépendance où il voyait à bon droit un péril social. La loi Voconia lui paraissait atteindre ce but, et quand il fut parvenu à la faire passer devant les tribus, il crut avoir réalisé son plan de restauration. Mais le torrent fut plus fort et cette mesure législative, obtenue avec peine, fut bientôt critiquée par les meilleurs esprits, éludée par tous les procédés des jurisconsultes, et finit peu à peu par tomber en désuétude au milieu de ce conflit et de cette surcharge des lois, dont Tacite pouvait dire, que la chose publique en souffrait autant que de l'excès des vices; en sorte que les vicissitudes de la loi de Caton offrent en un cadre restreint un tableau fidèle des transformations sociales que Rome a traversées.

Cette étude a pour but de réunir et de résumer ces différents points de vue : de là les trois chapitres entre lesquels elle se partage et où nous traitons successivement :

1° De l'état des mœurs et du droit à Rome lors de la promulgation de la loi Voconia;

2° Du contenu de cette loi;

3° De son application dans les siècles suivants.

CHAPITRE PREMIER

De l'état des mœurs et du droit à Rome lors de la promulgation de la loi Voconia.

I. — Le trait fondamental et peut-être pas assez remarqué jusqu'ici de l'ancienne constitution romaine est le respect scrupuleux de la législation générale pour l'autonomie des familles. Loin de subordonner la vie domestique à la vie publique et aux exigences d'un système politique préconçu comme toutes les cités grecques, les Romains firent de la famille la base de leur organisation sociale et regardèrent toujours l'autorité du père comme la première et la plus grande dans l'Etat. Nous n'entendons pas parler ici de cette période de formation pendant laquelle la population groupée autour des sept collines était encore partagée en *gentes* ou clans vivant chacun de sa vie propre, car cet état social est commun à tous les peuples primitifs et avait été celui de la Grèce comme il fut pendant longtemps celui des Germains et des Celtes. Nous parlons au contraire de l'époque où la fusion de tous les éléments de la cité était accomplie, et, où la loi des xii tables, expression et monument de cette fusion, ayant établi sans retour l'unité de législation et l'égalité civile entre les ordres de l'Etat, le peuple romain définitivement constitué et en possession de toutes ses forces entreprenait d'accomplir la tâche providentielle qui lui avait été départie. Or le principe de l'autonomie des familles est écrit à chaque page de la loi des xii tables et se formule dans toutes les institutions juridiques.

Le pouvoir du père objet d'orgueil pour le citoyen romain
était tel qu'aucun autre peuple ne pouvait se flatter d'en posséder un pareil [1]. Il s'étendait non-seulement sur les enfants au
premier degré, mais encore sur tous les descendants par les
mâles : le mariage même du fils ne le faisait pas sortir des liens
de cette puissance, que le père pouvait seul briser par l'émancipation. Dans l'ordre des biens, lui seul encore était propriétaire et le patrimoine que ses enfants administraient demeurait
toujours sa propriété absolue. Pour mieux maintenir cette unité, l'épouse était assimilée par une fiction de droit à la propre
fille de son mari, et le pouvoir que celui-ci acquerait généralement sur sa personne et sur ses biens à la suite du mariage était
sous le nom de *manus* une image exacte ou peu s'en faut de la
patria potestas [2]. Avec ce double pouvoir le père était véritablement roi au foyer: son domicile était inviolable [3], et à la grande
différence des cités grecques l'Etat ne contrôlait en rien l'éducation qu'il donnait à ses enfants [4]. Enfin pour couronner cette
fière indépendance, il était souverain justicier des personnes

[1] Gaïus, com. i, § 55.

[2] Les romanistes les plus autorisés s'accordent à penser que le mari ne
pouvait pas vendre sa femme, et que certaines restrictions tenant à sa
position exceptionnelle dans la famille étaient apportées au pouvoir qu'il
avait sur sa personne. V. Gaïus, c. ii, §§ 89, 90, c. iv, § 80. Plutarque,
Questions romaines, 22. — V. Puchta, *Institutes*, t. iii, p. 160. Mulhenbruch sur Heineccius, *Antiquitat. Romanar.* 1, 10, § 6.

[3] Cicéron, *Pro domo*, 41. Dig. *De in jus vocando*, fr. 18 et 21 ; *De
regulis juris*, fr. 103. V. sur les idées religieuses qui ont rendu si profond chez les anciens le respect du domicile, *La cité antique*, de M.
Fustel de Coulanges, l. iii, chap. vi, *Le droit de propriété*.

[4] La remarque en est faite par Cicéron au commencement des fragments qui nous restent du livre iv de la *République*. Cpr l'histoire du
jeune Manlius racontée par Tite-Live, liv. vii, ch. 4.

soumises à son pouvoir ; quand elles se rendaient coupables de quelque crime, la justice de la cité s'inclinait devant sa juridiction, lui laissant le soin de punir, et il n'avait pour leur infliger les peines les plus sévères qu'à s'autoriser du conseil de ses parents et de ses amis.[1]

Mais le caractère propre du pouvoir paternel et de toute l'organisation de la famille ne se révèle nulle part mieux que dans la faculté absolue reconnue au père de disposer de ses biens par testament.

La loi *ab intestat* appelle à sa succession les enfants restés *in potestate* et conjointement avec eux la femme *in manu,* le plus proche agnat et les *gentiles*. Or cet ordre successoral n'est établi qu'à défaut de testament et est purement de droit supplétif. Le père peut toujours concevoir ses dispositions dernières dans un esprit différent et faire passer son patrimoine, avec les sacrifices domestiques qui y sont attachés, à un héritier de son choix pris même en dehors de la famille. Ainsi la loi particulière prime la loi générale suivant la formule des XII tables : UTI LEGASSIT SUPER FAMILIA TUTELAVE SUÆ REI , ITA JUS ESTO. L'usage du testament entouré de grandes difficultés et à peu près nul dans la période la plus reculée de l'histoire romaine s'était introduit peu à peu par l'effet du progrès social et venait principalement des Plébéiens [2]. La loi des XII tables,

---

[1] Sur le pouvoir du chef de famille comme juge et sur le conseil qui l'assistait, voyez deux opuscules de notre excellent maître M. de Fresquet : 1° *Du tribunal de famille chez les Romains*, dans le t. I de la *Revue historique de droit français et étranger* ; 2° *De la puissance paternelle à Rome*, cours de doctorat fait à la faculté de droit d'Aix en 1861, in-8°.

[2] Ganz, *Das Erbrecht*, t. II, p. 31 et suiv., a signalé avec beaucoup de sagacité le caractère plébéien du testament à Rome. Seulement, dans la suite de ses développements, la réalité des faits historiques est quelquefois voilée par une systématisation trop abstraite.

en même temps qu'elle faisait prévaloir la liberté du *commercium* entre tous les citoyens [1], le consacra comme une conquête de la liberté civile et le signe de l'émancipation à laquelle arrivaient toutes les fractions du peuple. Rien n'était plus opposé que le testament à l'esprit des anciennes organisations aristocratiques et il avait toujours eté repoussé par la Grèce et par l'Inde aux périodes correspondantes de leur histoire. Effectivement le droit personnel du propriétaire à disposer de son patrimoine soit entre vifs soit après sa mort est la négation radicale du principe de la copropriété des divers membres de la famille, et à Rome notamment il se présentait comme le contrepoids de l'influence de la parenté agnatique et des liens de gentilité. En outre, si l'on considère que ce pouvoir paternel si énergique et ce droit du citoyen à être le législateur souverain de sa famille appartenaient aussi bien à l'obscur plébéien, qui venait à peine d'arriver par son travail à se faire inscrire parmi les *assidui*, qu'au patricien prince d'une gens antique, on reconnaîtra dans les institutions de la loi des xii tables tous les caractères d'un progrès démocratique. Aussi malgré une certaine rudesse et un formalisme trop rigoureux, Cicéron et Tacite pouvaient à bon droit la proclamer un monument accompli de sagesse sociale et la véritable source de la liberté romaine. [2]

L'absence complète de tout droit d'aînesse est la meilleure preuve de ce caractère de démocratie tempérée. Quand le père mourait sans tester, son bien se partageait également entre tous ses enfants : nul doute que l'usage du testament n'eût pour effet dans la plupart des cas de réagir contre les inconvénients qu'un

---

[1] Il y a de fortes raisons de croire qu'avant la loi des Douze-Tables, le *commercium* n'existait pas entre les patriciens et les plébéiens, et peut-être même pas entre les patriciens de curie à curie. V. Niebhür (traduct. de M. de Golbéry, t. iii, p. 210 et 372.

[2] De Oratore, l. i, c. 44. — Annales, l. iii, c. 27.

partage toujours et forcément égal aurait eu dans un pays d'aussi petite culture que l'Italie ; mais le libre choix du père, guidé par les seuls intérêts économiques de la famille, n'en subsistait pas moins à l'exclusion de toute idée de conservation aristocratique. Puis, le lien de la *patria potestas* une fois détruit, aucune supériorité n'existait au profit d'un des enfants sur ses frères : chacun devenait à son tour *paterfamilias* avec la plénitude de ses droits.

Ce caractère apparaît encore mieux dans la situation faite aux femmes. Quelques développements sont nécessaires pour le bien faire ressortir ; mais ils nous rapprochent davantage de l'objet propre de cette étude.

II. — Chez la plupart des peuples anciens les femmes étaient par le double effet des lois et des mœurs tenues dans un état d'infériorité qui entraînait à la fois abaissement et oppression. L'Inde ne voyait en elle que des fleurs brillantes objet du caprice et de la sensualité, et sa législation leur prodiguait les paroles de mépris en les excluant complètement de la vie civile. Une fille unique même ne succédait pas à proprement parler à son père : c'était le fils de cette fille mariée suivant un rite particulier, qui par une fiction légale devenait le fils de son aïeul. Les Grecs renfermaient les femmes dans le gynécée et les éloignaient soigneusement de toute participation à la vie sociale, et si à Sparte une certaine émancipation leur avait été accordée c'était au prix du sacrifice de leur pudeur. Dans la plupart des cas elles étaient incapables de succéder, et quoique à la rigueur elles pussent être propriétaires ce droit était entouré de grandes restrictions et réduit aux proportions d'un pécule. Pour nous en tenir aux lois d'Athènes, les filles étaient exclues de la succession paternelle par leurs frères et n'avaient droit qu'à une dot minime. Le père privé du droit de tester ne pouvait ni préférer

sa fille à ses fils, ni même l'instituer héritière pour une part é-
gale. N'avait-il qu'une fille unique, il ne pouvait pas librement
lui choisir un époux, car cette fille sur la tête de qui le patrimoine de la famille se fixait un instant appartenait par droit de
naissance au plus proche agnat : celui-ci avait le droit de la revendiquer comme chose sienne et devait l'épouser de par la loi en
échange des biens qu'il lui arrachait. Pour remédier aux abus
que ce droit entraînait, le sage Solon n'avait su trouver que des
pratiques encore plus immorales que la loi elle-même.[1]

A Rome, où l'Etat respectait franchement les droits de la famille, il en allait tout autrement. La femme vraiment considérée comme l'égale en dignité de l'homme avait au foyer la place
qui lui appartenait et faisait de là rayonner son influence dans
toute la vie sociale : la veuve de Germanicus et l'épouse de Thra-
séas montrèrent bien tout le prestige que ses vertus pouvaient
exercer sur l'opinion même à une époque de corruption extrê-
me. Les institutions juridiques répondaient à cet état social:
Ainsi la capacité de la femme devenue *sui juris* à être propriétaire et généralement à faire tous les actes de la vie civile était
pleinement reconnue : elle avait à ce titre sur les registres du
cens un *caput* spécial dans la classe où sa fortune la plaçait ;[2]
et si comme nous le verrons bientôt elle était frappée d'une tutelle perpétuelle , *l'exercice* du droit pouvait bien en pratique
être restreint , mais la *jouissance* demeurait complète. En matière de succession l'égalité de droit entre les deux sexes était
encore plus marquée. Non-seulement une femme pouvait être

---

[1] V. Bunsen *De jure hereditario Atheniensium.*

[2] L'existence d'un caput spécial pour les femmes nous paraît démon-
trée par un passage de Cicéron (2ª in Verrem, lib. 1, c. 42) sur lequel
nous aurons à revenir ; *Quod censa non erat,* fait-il remarquer en parlant d'une femme dans un cas particulier V. cependant Niebhür, t. iii,
p. 227, 228 et rem. 494 (trad. de Golbéry).

instituée héritière par le testament de tout citoyen ; non-seulement un père pouvait complètement exhéréder ses fils pour instituer sa fille , mais encore les mêmes droits qu'aux hommes étaient assurés aux femmes dans l'ordre de succession *ab intestat:* la fille demeurée *in potestate (sua)* partageait également le patrimoine avec ses frères, et l'agnate la plus proche excluait tout à fait l'agnat d'un degré plus éloigné. Les Romains en effet admettaient sans difficulté que la famille, ou comme nous dirions, la maison (car tel est le sens précis du mot *familia*) se continuât par les femmes. La fille qui succédait à son père recueillait directement et personnellement son patrimoine , elle continuait ses sacrifices et il pouvait se faire que par son mariage elle les transportât dans une autre famille, alors qu'à côté d'elle un oncle ou un cousin paternel demeurait complétement étranger aux sacrifices et aux biens héréditaires. Nous sommes déjà loin du vieil adage des anciennes sociétés, à savoir que les sacrifices devaient se transmettre perpétuellement avec le sang[1]. A Rome ils étaient joints au patrimoine suivant la théorie même du droit pontifical[2], et la transmission du patrimoine était réglée souverainement par la volonté du propriétaire ! Le point de vue économique avait complétement triomphé des vieilles idées iératiques.

D'après le droit inauguré par la loi des xii tables les femmes ne paraissent avoir été frappées en ce qui touche les actes de

---

[1] *Lois de Manou*, l. iii, sl. 138 et 274 ; l. ix, sl. 33, 137 à 139, Aytarêya A'ranya, 1. vi, § 5. — Bagavad-Gita, i, 40. — Eschyle Coephores v. 264. — Isée, or. viii, cap. 30 à 32.

[2] Cicero, *De legibus*, l. ii, c. xix et xx : *Hoc unc posito hæc jura pontificum auctoritate consecuta sunt ut ne morte patris familias sacrorum memoria occideret : iis essent adjuncta* AD QUOS EJUSDEM MORTE PECUNIA VENERIT. .... *videtis igitur omnia pendere ex uno illo quod pecunia sacris pontifices conjungi volunt.* Remarquez qu'il s'agit ici non pas de la nouvelle théorie sur la transmission des *sacra* enseignée par Scœvola, mais de la plus ancienne qui remontait aux origines même du droit pontifical.

la vie civile que d'une incapacité relative au droit d'avoir un testament. Cela tenait à ce que dans les temps primitifs l'institution d'héritier et l'adoption se confondaient [1], et que les femmes qui ne transmettaient pas le sang, et par conséquent n'avaient jamais la *patria potestas*, n'étaient pas considérées comme ayant une maison, une *familia*; or du moment que les idées de succession et de continuation de la race se confondaient, il leur était impossible de se créer par leur volonté un successeur que la nature, d'après l'opinion reçue, leur refusait [2]. D'ailleurs les testaments se faisaient alors devant les curies solennellement convoquées ou devant les centuries sous les armes et elles n'avaient point accès dans ces assemblées. Plus tard quand le testament *per œs et libram* se fut introduit cette raison n'existait plus, et la femme aurait dû pouvoir tester, comme elle faisait un *nexum* avec l'*auctoritas* de ses tuteurs; mais l'ancien principe que la femme est *caput et finis suœ familiœ* servit d'argument juridique aux agnats intéressés à lui refuser ce droit; cette raison n'avait plus de valeur du jour où le principe économique de la libre disposition de son patrimoine par le propriétaire avait prévalu; mais dans un droit essentiellement coutumier comme le droit romain à cette époque les institutions établies ne

---

[1] V. Ganz, *Das Erbrecht*, t. ii, p. 49 et suiv. M. Giraud (*Recherches sur le droit de propriété* t. i, p. 259 et suiv.), est cependant d'un avis contraire. Aux raisons tirées de différents passages des auteurs anciens, s'ajoute la considération que, d'après le droit hindou et le droit grec, le testament n'était pas autre chose qu'une adoption. Or nous croyons à l'existence d'un fonds d'institutions commun à tous les peuples de race Aryenne, et qui apparaît aux époques les plus reculées de leur histoire : ce n'est que plus tard que le génie national propre à chaque peuple s'est développé.

[2] Par la même raison on ne donnait pas, dans l'ancienne terminologie romaine le titre de *mater familiœ* à la femme *sui juris*; on le réservait à l'épouse *in manu* d'un *pater familias*, v. Festus, v° *Mater familiœ*; Aulu-gelle, l. xviii, c. 6, § 9. Plus tard cette expression désigna toutes les femmes *sui juris*. V. les règles d'Ulpien, t. iv.

s'harmonisaient pas immédiatement avec les idées nouvelles. Quoi qu'il en soit, la tutelle perpétuelle à laquelle les femmes étaient soumises fut représentée comme faisant obstacle à ce qu'elles eussent le droit de tester [1]. On admit cependant deux exceptions l'une en faveur des vestales qui n'étaient soumises à aucune tutelle, l'autre pour les femmes affranchies pourvu que leur patron les y autorisât. Enfin quand une femme n'avait que des tuteurs datifs—cas fort rare alors—le consentement de ces tuteurs suffisait également [2]. Ces exceptions prouvaient toujours qu'il n'y avait pas dans la législation de raison générale qui fît obstacle au testament des femmes, et elles devaient plus tard servir à renverser la règle.

Quelle était donc cette tutelle qui joue un rôle si important dans les anciennes institutions romaines ?

Le principe était que toute femme *sui juris*, c'est à dire qui n'était ni dans la puissance de son père, ni dans la *manus* de

---

[1] Gaïus, c. i, § 115 a. Cicéron, *Topiques*, c. 4, § 1.

[2] V. sur cette matière un article de M. de Fresquet sur la *Manus* dans le t. i de la *Revue historique*. L'exception en faveur des femmes affranchies est prouvée 1° par ces mots *exceptis quibusdam personis* du § 115 a. i de Gaïus qui indiquent au moins une seconde exception; 2° par Gaïus encore, com. iii, § 43 ; la combinaison de ce § avec le § 40 indique bien qu'il s'agit de l'ancien droit tel qu'il avait été fixé par les Douze-Tables; 3° enfin par le détour même employé pour donner à toutes les femmes le droit de tester. Faut-il ajouter une troisième exception en faveur des femmes qui ont des tuteurs testamentaires? Pour l'affirmative on s'appuye sur Gaïus, com. ii, §§ 118 à 120, qui admet implicitement la validité du testament fait par la femme avec le simple consentement de son tuteur. Mais cela ne se rapporte qu'au droit beaucoup plus récent introduit par le rescrit d'Hadrien, indiqué par Gaïus c. i, § 115 a et c. ii, §§ 112 et 113, et qui avait précisément en vue les femmes soumises aux tutelles testamentaires et datives, puisqu'à cette époque la tutelle des agnats était abolie. Le passage de Gaïus et surtout la généralité des paroles de Cicéron nous paraissent devoir faire rentrer dans la règle les femmes qui avaient des tuteurs testamentaires V. Savigny, *Geschichte der geschlechtstutel,* appendice de 1849 (*Vermischte schrifften*).

son mari, ni *in mancipio* était en tutelle pendant toute sa vie. Cette tutelle indépendante de celle pour cause d'impuberté qui leur était commune avec les hommes, avait pour raison le besoin qu'elles ont d'un guide dans le maniement des affaires et aussi le désir d'assurer la conservation de leur patrimoine [1]. Sans nous arrêter aux tutelles du patron, du père qui émancipait sa fille, ou du *coemptionator* qui libérait du *mancipium*, car ce ne sont que des institutions dérivées et subordonnées, il faut placer au premier rang la tutelle des agnats ou à leur défaut celle des *gentiles* qui était le droit commun. Elle était exercée par le plus proche d'entre eux; si la femme était demeurée dans la famille de son père elle se trouvait dévolue à son plus proche parent paternel; si elle avait été mariée et que la *manus* l'eût fait passer dans la famille de son mari, elle revenait au plus proche agnat de son mari et à ses propres fils s'il en laissait.

A considérer la réalité des choses et la composition des fortunes à cette époque, cette tutelle avait pour effet tout en laissant à la femme l'administration libre de ses biens, de lui interdire tout acte d'aliénation directe ou indirecte sans l'assistance *(auctoritas)* de ses tuteurs [2]. Si on joint à cela son incapacité à tester, on reconnaîtra qu'elle ne pouvait jamais tromper les espérances successorales de ses agnats. Aussi ce droit de tutelle était-il regardé comme un droit utile que dans une terminologie un peu large on assimilait à une *potestas* ou à une

---

[1] Gaïus, c. I, § 192.

[2] Ulpien, *Règles*, t. XI, § 27 : « *Tutoris auctoritas necessaria est mulieribus quidem in his rebus : si lege aut legitimo judicio agent, si se obligent, si civile negotium gerant..... si rem mancipi alienent.* » Adde t. II, § 17. En dehors des *res mancipi* la femme n'avait guère que l'aliénation de ses meubles, de ses bijoux, des revenus de ses biens. Le texte dit expressément qu'elle ne pouvait pas s'obliger sans l'*auctoritas* de ses tuteurs ; elle ne pouvait pas non plus éteindre les obligations à son profit sans leur *auctoritas*, les modes d'extinction qui existaient à cette époque rentrant tous dans la catégorie des actes solennels.

manus [1]. Tout ce qui aurait pu entraîner l'aliénation de ses *res mancipi* lui étant interdit, elle ne pouvait pas tomber sous la *manus* de son mari sans l'*auctoritas* de ses tuteurs car la *manus* entraînait au profit du mari l'acquisition de tous ses biens [2]; mais leur droit n'allait pas jusqu'à s'opposer à son mariage, en sorte que par la force des choses il s'introduisit à côté du mariage avec *manus*, seul connu autrefois, une autre sorte de mariage dit libre parce que la femme demeurait *sui juris* et restait dans sa famille avec tout son patrimoine. Comme il fallait cependant qu'elle subvînt pour sa part aux charges du ménage, les agnats durent l'autoriser à faire à son mari une donation avec stipulation de retour pour le cas où leur union demeurerait stérile. Telle est selon nous l'origine de la dot proprement dite : en même temps se trouvait établie la paraphernalité qui était la condition de tous les biens demeurés propres à la femme et sur lesquels les agnats conservaient intacts leurs droits de tutelle et de succession [3]. Ce régime avait l'inconvénient, reproché encore de nos jours au système dotal, de rom-

[1] Cette expression revient jusqu'à deux fois dans le discours de Caton sur la loi Oppia. Tite-Live, l. xxxiv, chap. 4 et suiv.

[2] Cicéron, *pro Flacco*, cap. 34.

[3] Le mariage libre existait déjà à l'époque de la loi des Douze-Tables. puisque une de ses dispositions indiquait comment l'*usus* pouvait être interrompu. Il est aussi prouvé qu'avant d'en venir à la dot proprement dite, on stipula souvent du mari la restitution de tous les biens qu'il avait acquis par suite de la *conventio in manum*, pour le cas de prédécès de la femme sans enfants : Cicéron, *Topiques* iv, et *Fragmenta vaticana*, 115 ; ce fut la transition au régime dotal. Le jurisconsulte Servius Sulpicius, au dire d'Aulu-Gelle (l. iv, c. 3), affirmait que ce régime avait commencé seulement après le divorce de Carvilius Ruga, c'est-à-dire au vi^e siècle de Rome ; sans prendre cette date à la lettre on doit au moins l'accepter comme indiquant l'époque du grand développement de la dotalité. V. sur cette matière M. de Fresquet, article cité *sur la manus*. Zimmern, *Rechtsgeschichte*, § 156. Etienne, *Institutes expliquées*, t. i, p. 307 note 4.

pre l'unité du patrimoine dans la famille; de plus les principes du droit romain sur la transmission du sang étant donnés, le grand vice du mariage libre était surtout de n'établir aucun lien de parenté et par conséquent aucun droit de succession entre la mère et ses enfants : point important et dont il faudra tenir compte quand nous analyserons le mécanisme de la loi Voconia.

La tutelle des agnats et des gentiles devait dans bien des cas se retourner contre la femme et servir des intérêts égoïstes, mais elle trouvait son correctif précisément dans la large étendue du droit de tester. Le père n'avait pas seulement la faculté d'instituer un héritier, il avait encore celle de régler complétement et dans tout leur détail les affaires de sa famille. Ainsi il pouvait par son testament soustraire ses enfants à la domination de ses agnats et leur donner un tuteur de son choix dont la conduite serait uniquement guidée par leur intérêt. Le mari pouvait faire de même pour sa femme *in manu*. De sorte qu'en pratique il était possible la plupart du temps d'éviter les inconvénients des tutelles légitimes. Les deux courants opposés qui travaillaient la cité romaine semblent donc se résumer en deux institutions : la tutelle des agnats, expression de l'ancienne organisation aristocratique et des idées de conservation forcée; le testament au contraire signe de l'émancipation individuelle et assurant à chaque famille les meilleures conditions de développement interne , selon la belle parole de M. Troplong : *que le testament est le triomphe de la liberté dans l'ordre civil.*[1]

III. — Cette législation produisit pendant plusieurs siècles des résultats excellents et son application stricte correspond précisément à l'époque où les mœurs privées furent les plus pures

---

[1] Introduction au commentaire du titre des donations et des testaments.

et la République la plus prospère. En ce qui touche les relations intimes de la famille, il serait tout à fait faux de se les représenter comme empreintes d'une rigueur barbare. Sans doute les contemporains de Cincinnatus et de Fabricius étaient rudes comme le sont des laboureurs et des soldats, mais ils ne foulaient pas aux pieds les sentiments de la nature. Ainsi l'on ne doit pas voir dans l'assimilation de la femme à une fille de son mari le signe d'un régime d'oppression et de violence. La langue juridique n'avait pas alors atteint la souplesse et la précision que le développement théorique de la science devait plus tard lui donner, et faute d'expressions propres les jurisconsultes de cette époque appliquaient aux rapports de famille des formules tirées du droit des biens, objet depuis beaucoup plus longtemps d'une réglementation juridique. Mais il ne faut pas se laisser arrêter par une question de terminologie, ni oublier que ces rapports sont avant tout réglés par les mœurs. Comme le dit fort bien M. de Savigny précisément à ce sujet : « Ils ne rentrent qu'en par-

» tie dans le droit positif, et même pour la moindre partie car la
» plus importante appartient à un domaine tout autre que celui
» du droit........ Ainsi le droit d'une nation pris isolément et
» sans égard aux mœurs qui le complètent nous donnerait une
» idée très-imparfaite des rapports de famille chez cette nation.
» Dans les temps modernes plusieurs auteurs méconnaissant
» cet accord ont injustement condamné le droit de la famille
» romaine comme une tyrannie dénaturée. Ils oublient que
» chez aucun peuple de l'antiquité la mère de famille n'a été
» plus respectée qu'à Rome, et pour les enfants qu'une obéis-
» sance servile et dégradante est incompatible avec la constitu-
» tion qui permettait aux fils de famille d'exercer tous les droits
» politiques, de parvenir aux plus hautes magistratures sans que
» la puissance paternelle reçût la moindre atteinte.[1] » C'est de

---

[1] *Traité général de droit romain*, § 54.

la loi des xii tables que date la magnifique définition du mariage que les jurisconsultes classiques nous ont conservée , et c'est à ces temps que Columelle rapporte sa belle description des anciennes mœurs : « *Erat enim summa reverentia cum concor-* » *dia et diligentia mixta. . . . nihil conspiciebatur in domo* » *dividuum, nihil quod aut maritus aut fœmina proprium* » *esse juris sui diceret, sed in commune conspirabatur ab* » *utroque.*[1] » Les annales ne parlent alors des matrones romaines que pour raconter comment guidées par la mère et l'épouse de Coriolan elles sauvèrent les destinées de la patrie, ou comment plus tard elles repoussèrent les présents séducteurs de Cinéas et subvinrent à plusieurs reprises par le sacrifice spontané de leurs parures à la détresse du trésor public.[2]

Il y a dans l'histoire romaine une période qui frappe surtout l'imagination et où presque chaque année est marquée par la conquête de quelque royaume. Rome recueillait alors malgré son affaiblissement intérieur, les fruits d'une longue et patiente élaboration de ses forces ; mais en réalité c'est du iiie au vi[e] siècle, de la loi des xii tables à la troisième guerre punique, qu'elle a jeté les fondements inébranlables de sa grandeur , réalisé au dedans ses plus grands progrès politiques, au dehors soumis et colonisé l'Italie , vaincu Pyrrhus et Annibal ; après avoir triomphé de tels ennemis , elle pouvait s'élancer à la conquête du monde, rien n'était plus capable d'arrêter sa fortune. L'historien doit le constater pour l'enseignement des générations, elle n'a jamais manifesté plus de force d'expansion ni de résistance que quand elle était libre et réglée au forum et que ses familles étaient fécondes sous l'action d'une forte discipline domestique.

---

1 *De re rustica*, lib. xii, prœfatio, §§ 7 et 8.

2 Tite-Live, l. ii, c. 40. — Plutarque, Pyrrhus, cap. 18. — Tite-Live, lib. v, cap. 25 et 50, lib. xxxiv, cap. 5 et 6.

c'est dans son organisation intérieure qu'il faut chercher la cause de ses grands succès guerriers et de l'empreinte ineffaçable qu'elle a laissée sur le monde ! Pendant ces trois siècles qui demeureront toujours la grande époque de Rome , tous les citoyens depuis le patricien le plus illustre jusqu'au dernier plébéien se livraient à l'agriculture. Grâce à une grande division du sol et surtout à un travail opiniâtre, la terre avait une fertilité qui disparut plus tard et nourrissait une population féconde et frugale. Grâce à la liberté de tester ces petits héritages se transmettaient de génération en génération , sans être pulvérisés par le morcellement , et la forte autorité du père pouvait contraindre à un travail absolument nécessaire les nombreux enfants que les familles comptaient alors ; surtout le sentiment du devoir répandu dans tous les degrés de la hiérarchie sociale harmonisaient ces forces et les principes religieux en régnant puissamment sur les âmes assuraient la modération de cette autorité et le bon usage de cette liberté. Mais quand les grands succès et les rapides conquêtes se succédèrent, un germe de dissolution qui devait grandir d'année en année fut jeté au sein de la société romaine. Dès la fin du ve siècle le numéraire était devenu tout à coup si abondant et les esclaves si nombreux , que les citoyens avec la nécessité du travail en perdirent le goût. Moins rapide , ce progrès de la richesse eût peut-être développé le commerce et l'industrie manufacturière et ouvert ainsi de nouveaux champs à l'activité nationale. Malheureusement il n'en fut rien ; les dépouilles du monde amenèrent une concentration sans exemple des capitaux à Rome, où, sans travail par le seul fait du monopole ils alimentaient des fortunes considérables [1]; en sorte que l'on vit dans l'intervalle d'une génération à l'autre

---

[1] M. Mommsen, dans le t. v de son *Histoire romaine*, a jeté des lumières toutes nouvelles sur cette concentration des capitaux à Rome.

l'oisiveté remplacer les habitudes laborieuses d'autrefois. En même temps le contact des sophistes grecs ruinait la vieille foi des ancêtres, et, des plus grands aux plus petits, cette société jadis encore si fortement trempée, se trouva lancée en pleine corruption.

Avait-elle en elle-même des éléments de conservation suffisants pour résister au courant, on en peut douter. D'ailleurs la question ne se posait pas nettement entre la corruption et l'honnêteté : au mouvement qui entraînait la nouvelle génération loin des anciennes traditions se mêlait aussi le désir très-légitime d'un certain progrès. C'est ainsi par exemple que la condition juridique des femmes ne pouvait plus continuer à être réglée exclusivement par des institutions formulées dans un temps de simplicité et même de pauvreté.

Le développement de la dotalité remédia à ce que la *manus* pouvait avoir de trop rigoureux, mais en introduisant malheureusement d'autres abus. L'institution la plus attaquée, et c'était celle où la réforme se justifiait le mieux, fut la tutelle perpétuelle des femmes. On se servit d'abord du testament et l'on admit que le mari en donnant un tuteur à sa femme *in manu* pouvait lui laisser la faculté d'en changer une fois, deux fois et même aussi souvent qu'il lui plairait [1]. Ce n'était plus dès lors qu'une simple affaire de forme.

Quant à la tutelle des agnats, l'esprit inventif des jurisconsultes imagina un expédient qui permit aux femmes de s'en débarrasser pour prendre un tuteur de leur choix. La femme qui voulait en user contractait sous la clause de fiducie le lien de la *manus* avec un homme qui à son tour la donnait *in mancipio* à l'individu dont elle voulait faire son tuteur ; celui-ci l'affranchissait aussitôt et devenait tuteur en vertu des droits de

---

[1] Gaïus com. I, §§ 150 à 154.

quasi-patronat [1]. Cette pratique ne tarda pas à devenir très-fréquente et les agnats ne maintenaient plus qu'avec peine des droits battus en brêche de toute part : aussi la tutelle du sexe devint illusoire à tel point que Cicéron pouvait dire plaisamment après Caton : « *Mulieres omnes propter infirmitatem* » *consilii majores in tutorum potestate esse voluerunt : hi* » *invenerunt genera tutorum, quæ potestate mulierum conti-* » *nerentur.* [2] »

En même temps les femmes acquéraient d'une façon générale le droit de tester. Elles recouraient au même procédé que pour les changements de tuteur, c'est à dire qu'au moyen d'une *conventio in manum* fictive, d'une dation *in mancipio* suivie d'un affranchissement, elles brisaient leurs liens d'agnation et se trouvaient dans la situation d'une affranchie vis-à-vis du patron fiduciaire dont le consentement, toujours acquis d'avance, leur permettait de tester librement [3]. Malgré la complication de cette évolution juridique, les femmes à l'époque de la loi Voconia, faisaient un usage du testament presqu'aussi fréquent que les hommes [4]. Le grand développement de la paraphernalité signalé à la même époque par Caton donnait à la reconnaissance de ce droit beaucoup d'utilité pratique [5].

---

[1] Gaïus, com. I, §§ 114 et 115.

[2] *Pro Muræna*, cap. 12. Discours de Caton sur la loi Oppia, cité plus haut, et dans Plutarque, *Reg. Apophtegm.* (éd. Didot, t. III, p. 240).

[3] Gaïus, com. I, § 115a. En rompant ainsi sans retour ses rapports d'agnation, la femme perdait tout droit de succession dans sa famille, et l'on comprend que dans bien des cas ce pouvait être une compensation suffisante à la liberté de disposer qu'elle acquérait ; cela explique comment les agnats se prêtaient à cette manœuvre.

[4] V. Cicero, *in Verrem*, l. I, c. 42, et *De Re publica*, l. III, c. 10. V. Tite-Live, l. XXXIX, c. 9.

[5] Discours de Caton sur la loi Voconia dans Aulu-Gelle, l. XVII, c. 6. Plaute et Térence sont remplis d'allusions au rôle que la dot jouait alors dans les familles; v. *Trimunus*, acte III, sc. 2, v. 65 et suiv; *Aulularia*, acte II, sc. 2, v. 13 ; *Phormio*, acte II, sc. 3, v. 63. Plaute a vécu en plein VIe siècle.

On peut déterminer au moins approximativement la date de cette révolution dans la condition des femmes. Nous lisons dans l'histoire du droit que nous a laissée Pomponius, qu'avant Tibérius Coruncanius nul n'enseigna le droit d'une façon suivie, et les hommes marquants qu'il cite auparavant n'étaient certainement pas d'un caractère à affaiblir l'ancienne discipline domestique. Tiberius Coruncanius fut consul l'an de Rome 472. On est d'autant plus fondé à repousser toute idée d'innovations antérieures que la première publication des formules, jusque-là tenues cachées par les patriciens (*jus Flavianum*), date seulement de 450. Cependant nous reportons encore à une époque plus récente ces innovations et les attribuons de préférence à la génération suivante, notamment à deux jurisconsultes du nom d'Ælius, qu'on nous représente comme ayant exercé une action décisive sur le droit civil et dont l'un en publiant les dernières formules (*jus Ælianum*), s'acquit la faveur populaire. Cela nous amènerait vers le milieu du vi[e] siècle de Rome [1], à la fin de la deuxième guerre punique. Cette fixation de la date des changements apportés à la condition des femmes par le travail interne de la coutume et de la jurisprudence, devient encore plus probable, quand on la rapproche de plusieurs lois dont nous savons sûrement l'époque et qui ont toutes pour objet de remédier aux désordres que les nouvelles mœurs introduisaient dans l'Etat.

La série de ces mesures, au milieu desquelles la loi Voconia occupe une place si importante, commence avec la loi Oppia qui limitait d'une façon très-stricte le luxe des femmes. Cette

---

[1] Sextus Œlius fut édile curule en 553 et consul en 555. V. sur ces jurisconsultes Pomponius, Dig. fr. 2, *De origine juris*, §§ 7 et 38. Cicéron, *pro Murœna*, c. ii et *de Amicitia*, cap. ii.—Autre indication : dans le privilége d'Hispala Fescennia, en 568, l'*optio tutoris* est mentionnée comme une institution usuelle. Tite-Live, l. xxxix, c. 19. Plaute y fait également allusion, *Truculentus*, acte iv, sc. 4, v. 6.

loi, portée en 539 au plus fort de la guerre d'Annibal, avait passé sans bruit ; mais quand vingt ans après deux tribuns du peuple en proposèrent l'abrogation, le débat se posa nettement entre les conservateurs rigides et les partisans des nouveautés. Les femmes assiégeaient le *forum* témoignant par cela seul combien elles avaient oublié les anciennes habitudes de retenue. Caton alors consul s'opposa avec force à l'abrogation de la loi et dès ce moment se déclara le défenseur déterminé de la tradition. Malgré un discours incisif où il signalait les progrès rapides de l'insubordination des femmes et l'envahissement d'une corruption puisée au contact funeste de la Grèce , la loi fut abrogée à l'unanimité des suffrages [1]. Dans le courant du siècle d'autres lois somptuaires furent portées, mais comme toutes les mesures de ce genre, elles ne tardèrent pas à être d'abord éludées puis bientôt après complètement oubliées. [2]

La résistance se porta sur un terrain plus sérieux , sur celui du droit civil, et l'on s'efforça de réprimer les abus auxquels le droit de disposer librement soit entre vifs soit à cause de mort commençait à donner lieu.

La loi *Cincia* plébiscite voté l'an 550 de Rome, sous la rubrique générale *de donis et muneribus,* ne se proposait pas de supprimer le droit naturel qu'a tout homme de disposer de sa propriété en faveur de qui il lui plaît , encore moins de restreindre les dispositions nécessaires à la transmission des biens dans les familles. Elle avait seulement pour but de réprimer la vénalité de toutes choses qui s'était introduite dans la République, et notamment les extorsions auxquelles les hommes puissants se livraient à l'endroit des faibles. Caton le disait en propres termes dans son discours sur la loi Oppia : « La loi Cincia

---

[1] V. ce piquant épisode raconté par Tite-Live, l. xxxiv, cap. 1 à 8.

[2] Aulu-Gelle (l. ii, c. 24), a tout un chapitre sur les lois somptuaires de Rome. La plupart datent du vi[e] siècle.

» n'a prohibé les dons et les présents que parce que le Sénat
» s'était habitué à lever des impôts et des tributs sur les plé-
» béiens ; » et quand le tribun Cincius lui-même avait présenté son projet, comme un sénateur lui demandait ironique-
ment à quoi il voulait en venir : « Je veux en venir, reprit-il,
« à ce que vous achetiez les choses dont vous voulez user.[1] »

La loi Cincia avait deux chefs : le premier, à peine mention-
né par les jurisconsultes classiques , mais qui à l'époque fut regardé comme le plus important , prohibait d'une façon absolue
et sans aucune limitation tout présent fait à un avocat, ou à un
patron ainsi qu'on disait alors, en rémunération de ses plaidoi-
ries. On voulait en revenir au droit ancien qui établissait des
rapports de clientèle entre les patriciens et les plébéiens et faisait de l'assistance judiciaire un des premiers offices du patronage. Mais patronage et clientèle n'existaient plus au milieu du
VIe siècle et la loi était un pur anachronisme. Comme elle n'a-
vait qu'une sanction à peu près nulle, elle fut constamment éludée et à l'époque de Cicéron nul ne s'en préoccupait plus. Sous
l'empire on essaya à plusieurs reprises de la faire revivre et ce
n'est pas un des moins curieux chapitres de l'histoire de ces
temps.[2]

Le second chef avait pour objet les dons et présents faits aux
personnes autres que les avocats. Les dons inférieurs à une som-

---

[1] Tite-Live, l. xxxiv, c. 4. — *Cicero, de Oratore,* ii, 71. La loi Cincia fut soutenue par Q. Fabius Maximus Cunctator un des personnages
les plus recommandables de la République (Cicéron, *de Senectute,* iv),
Ces extorsions déguisées sous le nom de présents étaient déjà devenues
une des lèpres de la société romaine. Sous l'Empire, les princes en firent
une institution à leur profit. Les auteurs anciens sont remplis d'allusions
à cette honteuse coutume. V. Heineccius, *Antiquitatum Romanarum
syntagma,* ad. *Instit.,* l. ii, tit. 7, *de Donationibus.*

[2] Festus, v° *Muneralis,* et les notes d'Ottf Muller. Tacite *Annales* xi,
5 et xv, 20. V. sur ce chef de la loi Cincia M. Grellet-Dumazeau, *Le
barreau romain,* chap. vii.

me , que l'on fixe par analogie à mille as [1] mais qui certainement était fort minime , demeuraient sous l'empire du droit commun. Ceux qui dépassaient cette somme n'étaient pas annulés à proprement parler : seulement on accordait au donateur suivant les cas différents moyens de revenir sur une promesse extorquée, sur une mancipation ou une tradition faite imprudemment ; mais quand la translation de propriété de l'objet donné avait été définitivement accomplie et que la tradition en avait été faite , il ne pouvait plus revenir sur une donation que tout démontrait avoir été libre et réfléchie [2]. La loi nouvelle d'ailleurs ne s'appliquait plus quand la donation se justifiait par elle-même et que toute présomption de fraude cessait. Ainsi étaient formellement exceptés les dons de quelque valeur que ce soit faits : 1° à tous les cognats jusqu'au cinquième degré et au sixième aux cousins *(sobrinus, sobrinave)* [3] ou bien aux personnes sous la puissance desquelles ils vivaient ou encore à celles qu'eux-mêmes avaient sous leur puissance ; 2° aux alliés du premier degré *(privignus privigna, vitricus noverca, socer socrus, gener nurus, vir et uxor, sponsus sponsa)* ; 3° étaient encore exceptés les dons faits par le tuteur à son pupille *quia tutores quasi parentes pupillorum sunt,* et ceux faits par un affranchi à son patron et à ses enfants ; enfin toutes les dona-

---

[1] On s'appuye sur le chiffre fixé par la loi *Furia testamentaria* qui suivit à peu de distance et que les jurisconsultes romains en rapprochaient toujours. *Fragm. Vatic.*, 304 et suiv. Sur les évaluations en as dans les lois de cette époque, v. notre chap. 2, art. 2.

[2] *Fragmenta vaticana*, 266. 310 et suiv *Pauli sententiæ*, l. v, t. 11 · Le mécanisme du second chef de la loi est très-bien exposé par M. de Fresquet, *Traité de droit romain*, t. i, p. 311 et 312.

[3] On remarquera qu'il s'agit de cognats et non pas seulement d'agnats. C'est le signe du chemin parcouru depuis la loi des Douze-Tables qui ne reconnaissait que la parenté par les mâles. Les dispositions usuelles des testaments devaient en cela avoir servi d'expression aux mœurs bien avant qu'une loi constata le changement qui s'était opéré dans les idées.

tions faites pour cause de dot par un cognat à quelque degré qu'il fût étaient en dehors de la loi [1]. Ces détails étaient nécessaires pour justifier notre proposition : à savoir que la loi Cincia ne portait point d'atteinte sérieuse au droit de disposer entre vifs, surtout dans l'intérieur de la famille.

Une vingtaine d'années après, en 571, la loi *Furia testamentaria* [2] défendit de disposer à titre de legs ou plus généralement à cause de mort de plus de mille as en faveur de la même personne, à moins que le légataire ne pût se prévaloir de quelqu'une des exceptions fixées par la loi : ces exceptions étaient à peu près les mêmes que dans la loi *Cincia*. La personne non exceptée qui avait recueilli un legs dépassant ce chiffre était tenue d'une restitution au quadruple et soumise à la *manus injectio* [3]. Selon Gaïus cette loi avait été votée parce que souvent les testateurs faisaient des legs si considérables, que l'héritier institué n'ayant plus un intérêt suffisant pour se charger de la succession se refusait à faire adition et par là faisait tomber le testament tout entier. Cette raison a pu être pour quelque chose dans les motifs de la loi ; mais Niebhur nous paraît en avoir mieux saisi la portée : « On usait arbitrairement, dit-

---

[1] *Fragm. vatic.*, 298 à 309.

[2] Cette date est donnée d'après les fastes par Cujas (notæ ad lib. xxxv Digest. *ad legem Falcidiam*, l. 1, t. vi, c. 511, édit. Prati), et par tous les interprètes modernes. Niebhür *(Hist. rom.*, t. vi, p. 45, trad. de Golbéry), place cette loi à l'année 430, sans dire d'après quel document ; mais comme il ajoute dans le même passage qu'elle ne peut avoir précédé que de quelques années la loi *Voconia* dont la date est parfaitement certaine, il faut voir dans cette assertion un *lapsus* du grand historien.

[3] Gaïus, com. ii, §§ 224 et 225, com. iv, § 23. *Ulpiani regulæ*, prœm, § 2 et t. xxviii, § 7. *Frag. vatic.* 304 et suiv. Sur les exceptions de la loi Furia, v. un article de M. Klenze, *Zeitschrifft fur gesch. Rechw.*, t. vi, p. 56 — Sur l'assimilation des legs et des donations à cause de mort, v. *infrà*, notre chap. ii, art. 3.

» il, de la faculté de léguer........ Or les Romains qui vou-
» laient perpétuer les bonnes familles, n'aimaient pas plus les
» successions *ab intestat* qui morcelaient les propriétés que les
» prodigalités envers les étrangers à la famille. Dans les gran-
» des successions le but était atteint par la loi, elle était impar-
» faite à l'égard des petites.[1]

Le but de cette loi, on le voit par la longue série de ses exceptions, était de frapper les legs qui ne se justifiaient pas
d'eux-mêmes, qui n'avaient pas une cause honnête ; mais il n'y
avait encore aucune prohibition spéciale aux femmes. Cependant les dispositions testamentaires faites à leur profit devaient
être particulièrement suspectes, car la corruption régnante les
avait gagnées d'une façon effrayante surtout dans les hautes
classes. Un événement contemporain et qui ne dut pas peu con-
tribuer à faire adopter la loi Voconia par ces mêmes comices si
indulgents pour le luxe des femmes peu d'années auparavant,
fut la découverte des mystéres des Bacchanales (en 568) dans
lesquels un nombre considérable de matrones appartenant aux
premières familles de Rome se trouvèrent compromises et durent
être livrées à la justice des tribunaux domestiques [2]. Indépen-
damment de ces excès, les changements opérés dans la situation
juridique des femmes faisaient sentir leur contre-coup dans
toute l'organisation sociale. Au lieu d'être exclues le plus souvent des successions comme autrefois par les testaments, elles
étaient appelées à recueillir des héritages considérables [3] : le
développement excessif de la paraphernalité achevait d'assurer
leur indépendance, et de son côté la tutelle des agnats était de
plus en plus battue en brèche par l'*optio tutoris*. Enfin les

[1] *Histoire romaine*, t. VI, p. 49, trad. de Golbéry.

[2] Tite-Live, l. XXXIX, cap. 8 à 20. V. plusieurs traits de la démoralisation de cette époque dans la vie de Caton-le- Censeur par Plutarque.

[3] V. la note 3, p. 30.

femmes qui avaient acquis la faculté de tester faisaient à leur tour passer leurs biens dans des familles étrangères. L'influence du lien agnatique allait ainsi s'affaiblissant et les anciennes maisons perdaient peu à peu la fortune qui assurait leur situation politique. En présence de cet état des choses, les hommes qui avaient à cœur la conservation de l'édifice social légué par les ancêtres et qui se défiaient à bon droit du terrible inconnu vers lequel les nouvelles mœurs entraînaient la République, voulurent couper court au mal. Ce fut l'objet de la loi Voconia dont nous allons étudier le mécanisme.

CHAPITRE II.

Du contenu de la loi Voconia.

—◆—

BIBLIOGRAPHIE.

La littérature de la loi Voconia est très-abondante ; quoiqu'il soit aujourd'hui inutile de lire les travaux antérieurs à la découverte des commentaires de Gaïus, un intérêt de curiosité s'attache toujours au chapitre que Montesquieu lui a consacré (*Esprit des lois*, l. xxvii, chap. unique). La base de toute étude sérieuse sur la loi consiste 1° dans une dissertation de M. de Savigny, *Ueber Die lex Voconia*, 1820 (réimprimée avec un appendice de 1849 dans les *Vermischte Schrifften*, Berlin, 1850, 5 vol. in-8°) ; 2° dans un mémoire de M. Giraud (lu à l'Académie des sciences morales et politiques, et imprimé dans le t. i des *Mémoires des savants étrangers*, 1841), qui nous paraît avoir dit sur cette matière le dernier mot de la science. Il faut encore consulter un article de M. Hasse dans le *Rheinisches museum für Jurisprudenz*, t. iii, 1829, une dissertation de M. Hermann Zaupp dans le t. iii de l'*Onomasticon Tullianum* de M. Orelli, et surtout le travail de M. Bachofen (*Die lex Voconia*, Bâle, 1843), qui jouit en Allemagne d'une grande réputation. Chez nous, M. Lafferrière a traité cette question en quelques pages dans son *Histoire du droit français*, t. i, p. 228 à 240, mais il a malheureusement reproduit plusieurs erreurs anciennes. Enfin, tout récemment, M. P. Gide, dans sa belle *Etude sur la condition privée de la femme* (Paris, 1867), en a présenté un résumé exact et substantiel.

ARTICLE 1er. — *Date de la loi.*

Elle fut portée l'an 585 de Rome [1] (169 av. J.-C.) sous le consulat de M. Philippus et Cn. Servilius Cœpion, sur la proposition du tribun Q. Voconius Saxa et avec l'appui décisif de Caton. Son âge alors avancé ajoutait encore à son autorité, et il soutenait avec d'autant plus d'avantage les traditions aristocratiques que lui-même était un homme nouveau issu d'une ville municipale, et que demeuré pauvre après l'exercice des plus hautes magistratures, il continuait à cultiver le modeste champ de ses pères. Si ses vues étaient étroites, nul ne pouvait soupçonner son indépendance, ni l'accuser de complaisance envers la noblesse, car pendant sa censure il avait sévi impitoyablement contre les représentants des plus illustres familles : l'amour de la vertu et le vieux génie de Rome semblaient seuls l'inspirer. C'est ainsi qu'à toutes les époques de transformation sociale on voit les anciennes traditions trouver leurs défenseurs

---

[1] Cicéron donne cette date quand il fait dire à Caton dans le traité *de Senectute* IV : « *Cœpione et Philippo iterum consulibus,..... cum ego quidem* v *et* LX *annos natus legem Voconiam voce magna et bonis lateribus suasissem.* » Or la date de ce consulat est parfaitement connue. Quelques auteurs indiquent la date de 576 en se fondant sur ce que l'Epitome de Tite-Live rapporte cette loi dans le livre (l. XLI) où sont racontés les événements de cette année-là; tandis que les livres 43 et 44 de Tite-Live consacrés à l'année 585 n'en parlent pas. Mais ces deux livres sont incomplets et le témoignage de l'Epitomator doit d'autant moins l'emporter sur celui de Cicéron que souvent il intervertit l'ordre des faits. V. sur ce point MM. de Savigny et Giraud. — On trouve dans beaucoup d'éditions de Tite-Live, à la fin du livre XLI, un chapitre 34 sur la loi Voconia ; c'est un supplément qui contient plusieurs erreurs.

les plus autorisés et les plus éloquents dans des hommes sortis des classes moyennes. Sans toucher aux faits contemporains, l'histoire de la révolution de 1789 et les débats du parlement anglais au commencement de ce siècle nous en fourniraient de nombreux et éclatants exemples.

Dans cette circonstance, Caton qui avait fait jadis ses premières armes contre les femmes à l'occasion de la loi Oppia, prononça un discours véhément où il s'élevait surtout contre les abus de la paraphernalité : « On épouse, disait-il, une *femme* » riche qui apporte une grande dot, mais qui se réserve des » sommes non moins considérables. Elle les prête à son mari, » puis quand elle est irritée elle le fait poursuivre en tous lieux » par un esclave paraphernal.[1] »

ARTICLE 2. — *Premier chef de la loi*.

La première et capitale disposition de la loi consistait à défendre à tout citoyen de la première classe porté sur les registres du cens pour plus de cent mille as d'instituer pour héritière une femme mariée ou non, quelque lien de parenté qui existât entre elle et le testateur. Chacun des termes de cette prohibition doit être repris séparément.

[1] Aulu-Gelle, l. xvii, chap. 6. En rapprocher un autre discours de Caton *de dote*, dont Aulu-Gelle encore nous a conservé quelques extraits, l. x, c. 23.

A. — La prohibition ne s'appliquait qu'à l'institution d'héritier. Il n'était pas touché à l'ordre des successions *ab intestat;*
on pouvait même continuer à faire des legs par testament à une
femme sauf une limitation générale de tous les legs dont nous
parlerons à propos du deuxième chef de la loi. Quant aux fidéicommis ils n'avaient aucune force obligatoire et ne devaient
même pas encore être connus à Rome à ce moment.

Le motif pour lequel on défendait d'instituer une femme héritière n'avait rien de religieux et ne tenait nullement comme
l'a avancé un auteur moderne [1], au désir de perpétuer les sacrifices dans les familles, car de tout temps les femmes avaient été
aptes à les continuer [2]. La raison en était purement politique et
tendait directement à restreindre l'accroissement de leurs fortunes. Sans parler de l'institution que tout citoyen aurait pu
faire d'après l'ancien droit en faveur d'une femme étrangère à
sa famille par des motifs avouables ou non [3], un père ni une
mère ne pouvaient plus inscrire leur fille parmi leurs héritiers ;
enfin les femmes, toujours portées à abuser de leurs droits n'a-
vaient plus la faculté de s'instituer entre elles ; il y avait donc
par le fait du droit nouveau beaucoup plus de chances pour
que le fonds de la fortune restât aux agnats.

De nombreux textes établissent l'existence de cette prohibition. Cicéron dans la première partie de son discours contre
Verrès (chap. 41 à 43), parle d'un citoyen qui avait institué sa
fille pour héritière et au testament duquel le magistrat préva-

---

[1] Kind, *Dissertatio de lege Voconi t*, Lipsiæ, 1820.

[2] Cicero, *De legibus*, cap. xix et xx ; *Pro Murœna*, xii

[3] Les institutions d'heritier au profit des femmes devenaient plus fré-
quentes à mesure que les habitudes de célibat se propageaient : or elles
étaient déjà fort répandues. V. un discours de Metellus Numidicus dans
Aulu-Gelle, l, I, c. 6.

ricateur voulait appliquer la loi abusivement : *Sanxit in pos-terum,* y est-il dit en parlant de Voconius, *qui post eos cen-sores census esset ne quis heredem virginem neve mulie-rem faceret.* Ailleurs dans le traité *de finibus* (l. II, cap. 17 et 18), il raconte l'histoire de deux testaments nuls parce qu'ils instituaient une femme. Enfin c'est Gaïus qui nous dit avec sa précision habituelle (com. II, § 274) : «*Item mulier, quæ ab eo qui centum millia æris census est per legem Voconiam he-res institui non potest.* » (Ajouter Cicéron, *de re publica,* l. III, c. 10; St Augustin, *de civitate Dei,* l. III, c. 21, et deux annotations du Pseudo-Asconius sur le passage de la Verrine qui vient d'être cité).

Montesquieu et quelques interpètes ont cru sur la foi d'un passage de Dion Cassius mal traduit, que le système de la loi Voconia consistait à fixer une certaine somme comme maxi-mum aux dispositions faites par testament en faveur des fem-mes. Voici ce passage : (liv. LVI, cap. 10, histoire romaine) :

Των τε γυναικων τισι και παρα τον Ουοκωνειον νομον, καθ'ον ουδεμια αυτων ουδενος υπερ δυο ημισυ μυριαδας ουσιας κληρονομειν εξην, συνεχω-ρησε τουτο ποιειν.

On le traduisait ainsi : *Cumque lege Voconia mulieres pro-hiberentur majorem centum millibus nummum hereditatem adire, ea quoque lege quasdam solvit* (traduction de Rei-mar); tandis que l'interprétation la plus naturelle est celle-ci : *cum lege Voconia mulieres prohiberentur heredes institui a quodam centum millium substantiæ,* ce qui s'accorde tout à fait avec les passages de Cicéron et de Gaïus, notamment avec cette phrase du traité de la République : « *Cur enim pecu-* » *niam non habeat mulier ?*......... *Cur autem, si pecu-* » *niæ modus statuendus fuit feminis, P. Crassi filia posset* » *habere.......* *æris millies salva lege, mea tricies non* » *posset ?* »

B. — La loi Voconia—et par là elle s'écartait tout à fait de l'esprit des lois Cincia et Furia—n'admettait aucune exception à son principe en faveur des liens de parenté. C'est même le point de vue qui frappait d'abord les auteurs anciens : *Lata est illa lex Voconia*, dit St Augustin, *ne quis heredem feminam faceret, nec unicam filiam. Qua lege quid iniquius dici aut cogitari possit ignoro*; et le faux Asconius : *Voconius legem tulerat ne quis census heredem relinqueret filiam.* La raison en est que cette loi ne voulait pas seulement frapper par une mesure préventive des dispositions peu honorables, mais qu'elle tendait encore à établir dans l'intérieur de la famille un privilége de masculinité ; *quæ quidem ipsa lex utilitatis virorum gratia rogata, in mulieres plena est injuria* [1]. C'était la vieille lutte des intérêts agnatiques contre la liberté de tester.

Plusieurs auteurs ont cependant révoqué en doute l'étendue de cette prohibition et signalé la contradiction qu'il y aurait eu à défendre à un père d'instituer sa fille, ou à un mari sa femme, alors que quand elle était *in potestate* ou *in manu* elle lui succédait comme héritière *ab intestat* et avait la totalité du patrimoine si elle était fille unique.

En supposant cette inconséquence aussi grande, le testament était tellement dans les habitudes romaines et l'institution d'un héritier avait une importance si grande, les legs, les affranchissements, les dations de tuteurs et toutes les autres dispositions en un mot dépendaient de sa validité, que prohiber l'institution des femmes était atteindre très-efficacement leur fortune, beaucoup de citoyens devant préférer renoncer à les instituer plutôt que de se priver complétement du droit de régler la dévolution de leur patrimoine. Mais en réalité l'inconséquence n'existe pas.

[1] *Cicero,* de Re *publica,* l. c.

Effectivement la fille ou la femme du *decujus* ne pouvait lui succéder *ab intestat* qu'autant qu'elle était soumise à sa *potestas* ou à sa *manus* et que les liens de la famille civile subsistaient dans toute leur énergie. La femme tombait alors nécessairement sous la tutelle de ses agnats et ne pouvait plus aliéner sa fortune ou tester sans leur consentement, en sorte que leurs droits étaient pleinement sauvegardés. Le père n'avait pas le moyen de soustraire sa fille à cette tutelle, ni le mari sa femme par la nomination d'un tuteur testamentaire, cette nomination ne pouvant se faire que par un testament contenant une institution d'héritier valable : il se trouvait donc placé dans l'alternative ou de ne pas lui donner de tuteur ou de ne pas l'instituer. Les mêmes considérations s'appliquent aux successions que les femmes pouvaient recevoir *ab intestat* de leurs agnats, de leurs frères et sœurs; la persistance du lien agnatique en était la condition, tandis qu'une institution testamentaire aurait pu s'adresser à une fille émancipée ou mariée avec *manus* et par là même soustraite à l'autorité de ses agnats naturels. La loi portée par Caton avait donc tout le caractère d'un secours apporté aux droits de la famille agnatique contre les brèches que la liberté de tester leur faisait journellement.

Cette explication a été mise pour la première fois en avant par M. de Savigny, qui a eu le tort de ne pas s'y arrêter. Mais elle a été récemment reprise par M. Gide et nous paraît définitivement acquise. Toutefois comme ce qui vient de M. de Savigny a une importance exceptionnelle, nous croyons devoir le suivre dans son essai de conciliation.

Débarrassons d'abord la discussion d'une difficulté qu'il soulève incidemment. « Si le testateur, dit-il, omettait dans son » testament sa fille ou sa petite-fille, c'est à dire ni ne l'insti- » tuait héritière ni ne l'exhérédait expressément, le testament » demeurait valable, seulement l'enfant prétérit pouvait pren-

» dre soit une part d'enfant , soit la moitié de l'héritage , selon
» que les héritiers institués étaient d'autres enfants du testateur
» ou bien des étrangers. Ce droit de la fille et de la petite-fille
» paraît encore plus contradictoire avec la prohibition de la loi
» Voconia qu'un simple droit de succession *ab intestat* , car il
» pouvait produire son effet même contre la volonté du père
» quand il ne l'avait pas déclarée dans les formes voulues. »—
Si en 585 le *jus adcrescendi* n'avait pas encore existé, la difficulté serait complètement levée; or M. de Savigny regarde comme très-probable que cette institution n'ait été introduite que
postérieurement à notre loi , et cette probabilité est pour nous
une certitude par les raisons que nous exposerons dans le chapitre III de cette étude. En vain l'illustre jurisconsulte insiste et
dit que l'introduction du *jus adcrescendi* étant inconciliable a-
vec la prohibition générale de la loi et ne l'ayant pas fait abolir,
il devait forcément se concilier avec ses dispositions; nous répon-
dons à cela, que peu après sa promulgation la loi Voconia a commencé à être éludée de toutes les façons; qu'il n'y a donc rien
d'impossible à ce qu'une institution contraire à son esprit se
soit postérieurement introduite dans la législation. Cela ne peut
suffire pour nous faire abandonner l'idée que nous nous faisons
de son contenu d'après des témoignages précis. Voici du reste
comment M. de Savigny prétend lever la contradiction qui selon
lui aurait existé entre l'incapacité des femmes à être instituées
héritières et leur droit de succession *ab intestat :*

« Toute difficulté disparaîtrait si l'on pouvait supposer que
» la prohibition de l'institution concernait seulement les fem-
» mes qui n'auraient eu aucun droit de succession *ab intestat*
» sur le patrimoine du testateur. Cette supposition est impos-
» sible en présence de la mention qui est faite de la fille. Mais
» on doit d'autre part considérer que dans l'ancien droit ro-
» main les filles aussi bien que les fils n'avaient souvent aucun

» droit de succession ou n'en n'avaient qu'un assez éloigné.
» C'est ce qu'on trouve en effet dans les cas suivants même a-
» près l'adoucissement considérable apporté par l'édit du pré-
» teur : 1° si la fille avait été donnée en adoption ; 2° si elle
» était dans la *manus* de son époux ; 3° enfin pour toutes les
» filles par rapport à la succession de leurs mères. Dans tous
» ces cas les agnats les plus éloignés, les *gentiles* mêmes, pas-
» saient avant elles dans la succession *ab intestat,* et il n'était
» assurément pas sans portée et sans utilité de défendre au père
» d'instituer sa fille héritière. Assurément le faux Asconius et St
» Augustin parlent de la fille d'une façon générale et sans men-
» tionner ces cas particuliers; mais ils n'avaient pas une théorie
» complète à présenter et *voulaient seulement mettre en relief*
» *ce qui avait lieu le plus souvent d'après la loi;* par là s'expli-
» que la mention indéterminée qu'ils faisaient de la fille ; alors
» même, comme nous le supposons, qu'elle ne fût pas vraie
» absolument mais ne s'appliquât qu'à la généralité des cas. »

On jugera si l'explication à laquelle nous nous sommes arrê-
tés ne rend pas mieux raison de l'esprit général de la loi et de
l'économie de ses différents chefs. Le système de M. de Savigny
a le grand tort d'introduire une distinction dont aucun texte
n'a conservé la trace et d'aller contre des assertions aussi for-
melles que celles de St Augustin et du Pseudo-Asconius, car
personne ne croira que dans les familles romaines les filles ne
succédaient à leur père que par exception [1]. Enfin dans le cas
du riche Annius rapporté par Cicéron dans son discours contre Verrès, tout semble montrer qu'il s'agit d'une fille restée

---

[1] Aucun doute n'est possible sur le texte de St Augustin, et c'est à tort
que le cardinal Angelo Maï, cédant à l'opinion qui admet une exception
en faveur de la fille unique, corrigeait ainsi le texte : *Ne quis heredem
faceret feminam, nisi unicam filiam.* Tous les manuscrits et toutes les
anciennes éditions portent *nec.* V. Creuzer, *ad Rempublicam,* p. 362,
Francf. 1826.

in potestate et la discussion entière prouve que cette institution fût tombée sous le coup de la loi si le père eût d'ailleurs été porté sur les registres du cens. Il en est de même du testament de Fadius en faveur de sa fille dont il est question dans le traité *de Finibus.*

Pour soutenir qu'il y avait dans la loi Voconia un tempérament en faveur de la fille unique , on s'est encore appuyé sur cette phrase du Traité de la République : « *Cum autem si pe-* » *cuniæ modus statuendus fuit fëminis P. Crassi filia pos-* » *sit habere, si unica patri esset, æris millies salva lege; mea* » *tricies non posset......* » Une lacune dans le manuscrit interrompt précisément à cet endroit le passage qui demeure assez obscur. Nous n'y voyons cependant rien qui contredise le témoignage formel de St Augustin. Le raisonnement de l'interlocuteur se réduit à ceci : Puisqu'on voulait poser des bornes à la fortune des femmes, que n'a-t-on fixé un certain chiffre qu'elle ne pût dépasser. Le système de la loi avec les proportions sur lesquelles il repose — et nous verrons par la combinaison du second chef avec le premier, qu'une fille même unique ne pouvait jamais avoir par le testament de son père plus de la moitié de sa fortune—laisse subsister entre les fortunes des femmes de très-grandes inégalités. Ainsi Crassus qui a un patrimoine de deux cents millions de sesterces , pourrait toujours léguer cent millions à sa fille, tandis que lui Philus, qui parle en ce moment, ne pourrait laisser à la sienne les trois cent mille sesterces qui composent tout son avoir [1]. MM. Bachofen et de Sa-

---

[1] V. M. Giraud. Plusieurs interprètes français mettent par erreur ces paroles dans la bouche de Cicéron lui-même. Il ne figure pas parmi les interlocuteurs de ce dialogue. C'est Philus qui attaque ainsi la loi Voconia, comme le prouve l'analyse de St Augustin (*De civitate Dei*, lib. II. c. 21). Le dialogue étant censé avoir eu lieu dans l'année 625, peu avant la mort de Scipion-Emilien, le Crassus dont il est question peut difficilement être celui dont la richesse était proverbiale. V. M. Bachofen, p. 95 note 2.

vigny entendent la chose autrement et voient dans le reproche fait ici à la loi l'opposition qui existait entre la capacité des femmes à succéder *ab intestat* à leurs proches parents, et les restrictions qui limitaient si fort le droit de tester en leur faveur. Supposons, dit M. Bachofen, que Crassus n'eût qu'une fille, elle pouvait recueillir, comme héritière *ab intestat* son immense fortune, si d'ailleurs elle était *in potestate*, tandis que Philus, dont la fille unique était sortie de sa maison, ne pouvait lui faire parvenir qu'une faible part d'un héritage déjà modeste en lui-même. Les explications présentées par les différents auteurs qui se sont occupés de notre loi varient beaucoup dans le détail; mais ces divergences sont en elles-mêmes insignifiantes et ne font que mieux montrer combien il est arbitraire de voir dans ce texte la preuve d'une exception introduite en faveur de la fille unique.

C.—La prohibition si étendue de la loi Voconia ne s'appliquait cependant pas à tous les citoyens, mais uniquement aux *classici* c'est à dire à ceux qui étaient portés sur les registres du cens pour une somme d'au moins cent mille as. Dans le langage du temps l'expression de *classici* s'appliquait seulement aux citoyens de la première classe, tous les autres étaient dits *infra classem* et rangés dans une catégorie inférieure.[1]

Cette démarcation tracée entre les citoyens d'après leur cens, calculé précisément comme il l'était dans la constitution de Servius-Tullius, montre qu'à cette époque les anciennes classes subsistaient encore; mais si les noms et les cadres anciens avaient

---

[1] Gaïus, com. II, § 274. Cicero *in Verrem,* lib I, c. 44 et suiv., hic *Pseudo-Asconius,* Dio-Cassius, l. LVI, c. 10. Sur le sens précis des mots *classici* et *infra classem,* v. Aulu-Gelle, l. VII, c. 13. et *Pauli diaconi e xcerpta Festi* v° *Infra classem.*

été maintenus, le fonds des choses était complètement changé. Effectivement au commencement du VIe siècle l'organisation des centuries ne répondait plus à l'assiette respective des fortunes, encore moins aux idées politiques qui avaient cours. Aussi avait-elle été complètement remaniée. La façon dont cette réforme s'opéra est un des points les plus obscurs de l'histoire romaine, et dans l'état actuel de la science il est impossible d'en bien saisir l'ensemble. On peut cependant fixer quelques points. Ainsi la réforme avait eu pour but et pour effet d'atténuer considérablement le principe sur lequel était basée l'organisation des centuries et qui consistait à proportionner la capacité politique à la richesse, pour arriver à donner à peu près à tous les citoyens compris dans ces centuries un droit égal de vote au scrutin, en un mot d'harmoniser l'organisation des comices centuriates avec celle des comices par tribus qui avaient pris alors une place prépondérante dans la constitution. Le maintien des cinq classes anciennes nous paraît également certain. Niebhur a vainement essayé de prouver « qu'il ne subsista plus que deux classes les » chevaliers et les non chevaliers, et que l'on mit sur le même » pied tous les membres des tribus qui payaient pour moins » d'un million d'as et pour plus de quatre mille. » De nombreux témoignages montrent les cinq classes reconnues et fonctionnant encore après cette réforme [1], seulement leur position respective avait bien changé : ainsi l'un des points les plus im-

---

[1] V. notamment Tite-Live, l. XXIV, cap 11, et plus tard l. XLIII, c. 16, où est raconté le procès des censeurs T. Gracchus et C. Claudius ; après le vote des chevaliers et de la première classe, le résultat du scrutin n'était pas encore décidé, et il demeura incertain jusqu'à ce que toutes les classes eussent voté, V. Polybe, l. VI, c. 23, qui parle d'une armure particulière à ceux qui avaient une fortune de plus de 10,000 deniers. La seconde lettre de Salluste à César (c. 8), œuvre d'un faussaire du second siècle tout au plus, parle d'une loi de C. Gracchus où figurent les cinq classes. V. encore Cicéron, *de legibus*, l. III, c. 3, et *Premières académiques*, l, II, c. 23, etc. etc.

portants de ce remaniement des différents ordres avait été l'augmentation des centuries de chevaliers : leur cens avait été fixé à un million d'as (400,000 sesterces) [1], et ils formaient dans l'Etat une classe tout à fait à part comprenant l'aristocratie de race et toutes les grandes fortunes. Venait ensuite la première classe avec son cens de cent mille as qui embrassait tous les citoyens dont la fortune n'allait pas jusqu'à celle des chevaliers et qui représentait en réalité les fortunes moyennes. Les autres classes ne se composaient que de petits propriétaires et de petits commerçants ; car la puissance acquisitive du signe monétaire avait alors prodigieusement diminué et ceux qui avaient une fortune de moins de cent mille as étaient certainement des gens de très-peu de consistance.[2]

On voit d'après cela que la loi Voconia ne s'appliquait pas

---

[1] Tite-Live, xxiv, c. 11, et Polybe, l. vi, c. 20.

[2] On ne doit pas s'étonner, dit Niebhûr, t. vi, p. 9 et 10, de retrouver jusque dans une époque si avancée les anciennes fixations monétaires du commencement de la République ; tout remaniement dans la fortune officielle des classes eut amené une diminution de l'obligation du service militaire, et on tendait constamment à l'étendre : cela se faisait tout naturellement à mesure que le nombre des citoyens des premières classes augmentait précisément par suite de l'abaissement de valeur du signe monétaire.

D'autre part M. Bachofen, p. 30, fait remarquer avec beaucoup de raison qu'en présence des tendances de plus en plus démocratiques de la République, il eût été impossible de priver de leurs droits politiques un nombre considérable de citoyens. ce qui eut été la conséquence forcée de l'élévation du cens de la première classe.

Sur l'existence des anciennes classes au sixième siècle de Rome. v. la remarquable étude de Niebhür sur la censure de Q. Fabius Maximus (t. vi. de la traduct. française), qui, si elle n'a pas résolu la question, l'a au moins éclairée d'une vive lumière. V. une analyse très-savante des opinions de Hullmann et de Huschke par M. de Golbéry, insérée dans le t. vii de sa traduction de Niebhür. V. un mémoire de M. de Savigny. *Die Verbindung der centurien mit den tribus*, avec un appendice de 1849 dans les *Vermischte schrifften*, t. i ; enfin l'*Histoire romaine* de M. Mommsen, t. iv, p. 96 et suiv. (traduct. de M. Alexandre).

seulement aux grandes fortunes mais atteignait encore les moyennes et ne laissait en dehors de son application que des familles où tout danger de concentration du patrimoine entre les
mains des femmes eût été illusoire. Une mesure importante prise
peu après cette réforme par le censeur C. Flaminius en 536 et
qui fut complétée l'année même de la loi Voconia par le censeur
Ti. Sempronius Gracchus, fut le rejet de tous les affranchis sans
exception dans les tribus urbaines placées alors au dernier
rang [1]. Dans la liaison intime où étaient alors les tribus et les
centuries, il nous paraît que les affranchis durent par une conséquence directe de cette mesure être placés complètement en
dehors de la première classe quelle que fût leur fortune ; en
effet nous voyons que la réforme les privait de tout suffrage
effectif et par une juste réciprocité les excluait de la charge du
service militaire. Leur nombre soudainement accru et leur im-
mixtion dans les affaires publiques inquiétaient justement les
hommes d'Etat : et l'on comprend d'autant mieux que la loi Voconia ne leur fut pas appliquée, que la transmission de leurs
biens et la conservation de leur fortune n'attiraient assurément
pas l'intérêt de Caton et de ses amis. Le préteur devait veiller
plus tard à ce que, quand ils testaient et n'avaient pas d'enfants,
leur patron, qui était vis à vis d'eux dans la position des agnats,
recueillit au moins une part de leur succession. [2]

M. de Savigny n'a pas bien saisi l'économie de la loi à ce
point de vue, parce que se laissant influencer par les travaux de
ses prédécesseurs , il a cru que dans l'évaluation de la fortune
des citoyens faite par la loi Voconia, il s'agissait de sesterces et
non pas d'as. [3]

[1] Tite-Live, l. xLv, cap. 14 et 15.

[2] Gaïus, c. iii, § 40 et 41.

[3] Il ne faut pas s'étonner de voir Gaïus indiquer le chiffre de 100,000
as et Aulu-Gelle celui de 125,000, (le chiffre de 120,000 que l'on trouve

Selon lui le mot *as* est employé par Gaïus, Festus et Aulu-
gelle dans le sens générique de pièce de monnaie [1], et doit être
déterminé par la monnaie courante de l'époque, qui alors, au
vi[e] siècle de Rome, était le sesterce. Comme témoignages posi-
tifs, il invoque : 1° le commentaire du faux Asconius sur ces
mots de la Verrine, *neque census est :* « *Neque centum millia
sestercium possideret. More veterum censi dicebantur qui
centum millia professione detulissent; hujus modi adeo fa-
cultatis census vocabatur;* » 2° le passage déjà cité de Dion
Cassius, où le chiffre de vingt-cinq mille n'est suivi d'aucune
désignation de monnaie particulière, mais doit être entendu de
drachmes suivant l'usage de Dion : or les écrivains grecs consi-
déraient la drachme comme l'équivalent du denier, ce qui par
conséquent fait encore la somme de cent mille sesterces,
à quatres sesterces au denier. Ces raisons sont peu solides
et ont été réfutées péremptoirement par M. Giraud dans
son remarquable mémoire. Effectivement le mot *æs*, une des
plus anciennes expressions de la langue latine, était d'après Varron synonyme d'*asses* [2]. Gaïus emploie indifféremment les deux
expressions dans maint passages et pour n'en citer qu'un exemple, il est bien évident que dans le § 225, com. ii, *as* et *æs*

dans *P. Diaconi excerpta Festi* est une erreur du copiste pour 125,000);
car il y avait déjà chez les Romains des traditions fort divergentes sur le
chiffre du cens de la première classe. V. Cicéron, *de Re publica*, l. ii,
c. 22; Tite-Live, l. i, c. 44; Denys d'Halicarnasse, l. iv; Pline, *Hist.
natur.*, l. xxxiii, c. 13. M. Bachofen entend autrement cette divergence.
V. *infrà* p. 44 note 1.

[1] Ulpien, Dig. *De verbor. signif.* fr. 159 : « *Etiam aureos nummos
æs dicimus.* »

[2] *De lingua latina*, ix, p. 544 (éd. Spengel) : « *Pro assibus nonnun-
« quam æs dicebant antiqui, a quo dicimus assem tenentes : Hoc ære
« æneaque libra, et mille æris legasse.* » Très-précise à cette époque,
la signification d'*æs* était devenue beaucoup plus large au temps d'Ulpien.

sont mis l'un pour l'autre [1]. Le compte par *asses* et l'expression d'*œs* faisaient partie de la langue officielle et l'on sait avec quel soin elle retenait les termes anciens. Aussi les retrouvons-nous dans toutes les lois de cette époque et notamment dans le privilége d'Hispala - Fescennia qui est tout à fait contemporain [2]. Ces expressions se rattachaient au cens, avec le système duquel notre loi Voconia était intimément liée et furent conservées dans le vocabulaire législatif, tant que le cens lui-même demeura avec son caractère primitif [3]. — A ces considérations décisives on ne peut opposer l'assertion du Faux-Asconius, auteur du ive ou du ve siècle après J.-C. et qui dans le court passage que nous avons cité confond la signification topique de *classicus* avec celle de *census* et nous dit qu'au temps de Cicéron une fortune de cent mille sesterces était considérable ! Lui-même a du reste peu de confiance en son explication et en tient

---

[1] « *Lata est lex Furia qua..... plus mille assibus legatorum nomine* « *capere permissum non est..... qui enim v. g. quinque millium œris* « *patrimonium habebat, poterat quinque hominibus millenos asses le-* « *gando totum patrimonium erogare.* » Adde : Gaïus, c. iii, § 223, c. iv, §§ 14 et 23 ; encore Varron, *De lingua latina*, l. v, p. 179 (éd. Spengel), et la formule du *testamentum per œs et libram*, etc. etc.

[2] Tite-Live, l. xxxix, c. 19.

[3] M. de Savigny allègue plusieurs passages de Gaïus et des lois anciennes, comme la loi Papia Popæa, où les évaluations sont en sesterces (Gaïus, c. iii, § 42. *Lex Galliæ Cisalpinæ*, col. ii, l. 4, 19, 27. Fragm. de J. Fisci, §§ 8 et 9). Mais toutes ces lois sont bien postérieures à la loi Voconia. Dans un chapitre très-intéressant d'Aulu-Gelle (l. ii, c. 24), on voit à quelle époque la terminologie législative a changé. Il s'agit de la suite des lois somptuaires. Or dans toutes celles qui datent du ve et du vi^e siècle, il est question d'un poids d'*œs*, d'un nombre déterminé d'*as*. C'est seulement à partir d'une loi de la dictature de Sylla (viie siècle) que les évaluations sont en sesterces ; or c'est à cette époque que la censure a commencé à être interrompue et que l'administration publique a pour la première fois fonctionné sans un cens régulier. V. encore des évaluations en as se rapportant à des actes juridiques passés au vi^e siècle dans Valère Maxime, l. iv, c. 4, § 10.

une autre toute prête : « *Alii sic intelligunt* NEQUE CENSUS EST *hoc est neque census ejus in quinquennium dives factus.* » Quant au passage de Dion Cassius, nous n'admettons pas qu'il puisse prévaloir contre l'autorité de Gaïus. D'ailleurs ne peut-on pas interpréter autrement son chiffre et supposer que le mot de cent, εκατον, a disparu par une erreur de copiste ? Dion aurait dit alors conformément à la terminologie romaine qu'une femme ne pouvait pas être instituée héritière par un citoyen possédant plus de cent vingt-cinq mille, suivant en cela l'opinion de ceux qui fixaient à ce chiffre d'as le cens de la première classe. Il faudrait du reste pour admettre définitivement cette correction vérifier l'état des manuscrits.

M. de Savigny apporte à l'appui de son opinion un autre argument tiré des changements de valeur que l'as avait subi. En 585 il était réduit à un douzième de sa valeur primitive et peut-être même à un vingt-quatrième [1] ; dès lors il met ses adversaires en demeure de choisir entre les as réduits de l'époque, ce qui met le cens de la première classe à une somme insignifiante, et les as anciens, *asses librales*, hypothèse très - invraisemblable, car comment admettre que la loi se rapportât à une monnaie hors d'usage depuis des années? Pour notre part nous ne verrions rien d'impossible à ce que tant que le cens a été en vigueur, on ait évalué la fortune des citoyens d'après le système monétaire qui se liait à l'institution même du cens, et que dans les actes publics on ait fait usage d'une sorte de monnaie de compte, sauf dans la pratique à faire la conversion en monnaie courante [2] ; mais nous ne nous croyons pas tenus d'expliquer

---

[1] V. Plinius, *Histor. natur.*, l. XXXIII, c. 13.

[2] Nous avons la bonne fortune d'avoir trouvé la même opinion dans M. Mommsen, juge si compétent en tout ce qui touche au système monétaire des Romains. V. dans le t. IV de son *Histoire romaine* la note des pages 96 et 97. Boeck (*Metrologische Untersuchungen*, p. 430 à

tout ce qu'il y a d'obscur dans les antiquités romaines : souvent la critique historique doit se borner à démontrer la fausseté d'un système , sans pouvoir le remplacer par une assertion irréfutable.[1]

D. — La loi Voconia avait statué que ses prohibitions s'appliqueraient à tous les citoyens portés sur les registres par les censeurs précédents , A. Poshumius et Q. Fulvius , sans pour cela revenir sur les testaments ouverts antérieurement à sa promulgation[2] . On en avait conclu très-légitimement qu'elles n'atteignaient pas les citoyens qui dans l'intervalle d'un cens à l'autre auraient acquis la fortune de cent mille as , mais seulement ceux qui l'auraient fait constater dans le cens précédent [3]. La nécessité de l'inscription sur les registres ressortait donc des termes même de la loi, et c'était un système parfaitement rationnel car à cette époque , comme on peut s'en convaincre par la lecture de Tite-Live, le cens se faisait régulièrement tous les cinq

435), a péremptoirement démontré qu'il s'agissait d'as dans la loi Voconia, et soutient que les as dont parlait la loi étaient des as à deux onces et que ce pied de l'as se maintint dans les évaluations du cens malgré les réductions postérieures. V. son opinion analysée par Bachofen, p. 28 à 30.

[1] M. Huschke (*Census der Kaiserzeit*, p. 96), et après lui M. Rudorff et Bachofen ont prétendu concilier les deux opinions en disant que la loi Voconia avait fixé le chiffre de 100,000 as, et que les préteurs l'avaient successivement porté par leur édit à 125,000 as puis à 100,000 sesterces. Cette supposition est purement gratuite et va même contre le texte de Gaïus qui parle de la limitation de 100,000 as comme étant le droit de son temps. Et puis comment supposer que les préteurs aient remanié cette loi à une époque où le défaut de tenue régulière du cens la rendait la plupart du temps inapplicable?

[2] Cicero, *in Verrem*, lib. i, c. 41 et 42.

[3] Pseudo-Asconius, l. c.

ans et aucun citoyen ne pouvait s'y soustraire [1]. Dans le siècle suivant la salutaire institution de la censure fut très-négligée et l'on vit à plusieurs reprises des périodes de vingt années se passer sans que le cens fût fait à nouveau. Le nombre des citoyens qui dans cet intervalle devenaient chefs de famille ou acquerraient une fortune de cent mille as sans être recensés était très-considérable, et par une interprétation stricte de la loi on les considérait comme en dehors de ses prohibitions [2]. Il eût dépendu des préteurs d'en assurer l'application, mais comme le courant des mœurs et des idées était contraire ils n'avaient garde de le faire.

Seul, Verrès, pendant sa préture urbaine, imagina de remettre la loi en vigueur et voici à quelle occasion : un riche citoyen du nom d'Annius Asellus, profitant de ce qu'il n'était pas porté sur les registres du cens, avait institué héritière sa fille unique et Cicéron proclame bien haut que rien n'était plus conforme à la jurisprudence. Annius venait à peine de mourir quand Verrès entra en fonction. Celui-ci, après avoir sondé les deux par-

---

[1] Les citoyens absents devaient rentrer à Rome pour paraître devant les censeurs. V. Vellei. Patercul., l. ii, c. 15. Sur l'inscription au cens comme condition d'application de la loi Voconia, et sur tout ce qui touche à la tenue du cens au vi^e et au viie siècle, V. M. Bachofen. p. 31 à 39. V. *infrà* notre article sur la sanction de la loi, p. 54 et suiv.

[2] M de Savigny nous paraît trop restreindre l'application de la loi en disant que sa prohibition n'avait lieu qu'autant que le testateur avait été recensé dans l'espace de cinq ans. Il y aurait eu alors de très-longues périodes où la loi Voconia n'aurait pas été appliquée à une seule espèce; nous croyons au contraire qu'on y était soumis par cela seul qu'on était porté sur les tables du cens en cours d'exercice quelqu'ancienne que fut sa date. M. Bachofen, p. 36, va plus loin et soutient par de fort bonnes raisons, particulièrement en s'appuyant sur l'argumentation employée par Cicéron dans son plaidoyer *pro Archia poeta*, qu'il suffisait d'avoir été inscrit une seule fois au cens pour être soumis à l'application de la loi, encore que par suite de quelque circonstance exceptionnelle on n'eût pas été porté aux recensements postérieurs.

ties, s'entend avec le second héritier que le testament substituait, et pour faire tomber la première institution déclare dans son édit que désireux de faire pleinement observer la loi Voconia, il refusera la *petitio hereditatis* et la *bonorum possessio* à toute femme qui se prétendra héritière en vertu d'un testament fait depuis les censeurs Fulvius et Posthumius ; il avait grand soin de passer sous silence la clause qui limitait la prohibition aux citoyens portés sur les registres du cens. En s'indignant de cette prévarication de Verrès, Cicéron insiste sur l'extension arbitraire qu'il donnait à la loi non moins que sur la rétroactivité de son édit : il ajoute que depuis aucun préteur n'avait édicté pareille disposition et que journellement les citoyens qui n'étaient pas recensés instituaient des femmes pour héritières[1].

E. — La loi Voconia apportait un tempérament à sa sévérité en faveur des Vestales. Elles avaient eu dès les plus anciens temps le droit de tester sans aucune entrave légale ; la loi nouvelle ne voulut en ajouter aucune par honneur pour leur ministère[2]. Elles purent donc librement instituer une femme héritière. D'ailleurs leurs liens d'agnation étant rompus par le fait de leur profession religieuse, aucun agnat, aucun gentil n'avait de droit de succession sur leur patrimoine[3]. Mais elles n'étaient pas exemptées de la loi en ce sens qu'un citoyen de la première classe pût les instituer dans son testament : elles n'eurent ce droit que quand Auguste leur eut donné le *jus liberorum*, qui entraînait pleine capacité pour recevoir les hérédités et les legs.[4]

---

[1] Cicero, *in Verrem*, l. i, c. 41 à 43.
[2] Cicero, *de Re publica*, l. iii, c. 10.
[3] Sur la condition juridique des vestales, v. Aulu-Gelle, l. i, c. 12.
[4] Dio Cassius, l. lvi, c. 10.

Article 3. — *Deuxième chef de la loi.*

Le but que s'était proposé le législateur en défendant d'instituer les femmes aurait été complétement manqué, si elles avaient pu recevoir librement et indéfiniment des legs. En principe aucune incapacité spéciale ne les frappait sous ce rapport, seulement elles étaient soumises à la limitation générale apportée à la faculté de léguer par le second chef de la loi.

Il y était en effet statué qu'aucun legs ne pourrait dépasser la part que l'héritier — ou chacun des héritiers, s'il y en avait plusieurs — retenait définitivement dans le patrimoine du testateur : « *Lata est lex Voconia,* nous dit Gaïus [1], *qua cautum est ne cui plus legatorum nomine mortisve causa capere licet quam heredes caperent,* » et son témoignage est amplement confirmé par la suite de la discussion à laquelle Cicéron se livre à propos du testament d'Annius Asellus.

On assurait par là à l'endroit des femmes l'effet du premier chef de la loi, en même temps on espérait éviter le fractionnement des patrimoines et assurer aux héritiers institués une part suffisante de l'héritage pour qu'ils eussent intérêt à faire adition. La loi Furia n'avait pas atteint son but, autant à cause du grand nombre des personnes exceptées que parce que le testateur pouvait tellement multiplier les legs de mille as qu'il ne restait rien à son héritier. Aussi fut-elle abrogée et remplacée par le second chef de notre loi [2]. Sa disposition ne souffrait aucune

[1] Com. ii, § 226
[2] Gaïus com. ii. §§ 224 à 227.

exception, mais à la différence de la loi précédente elle ne regardait, comme le premier chef, que les testaments des personnes portées sur les registres du cens pour plus de cent mille as: Gaïus n'a pas fait mention de cette particularité parce que de son temps cette partie de la loi n'était plus en vigueur, mais Cicéron y insiste de façon à ne laisser aucun doute.

Il est possible que la loi Furia ait continué à être appliquée aux patrimoines inférieurs à 100,000 as, qui n'étaient nullement atteints par la loi Voconia. On comprend que la limitation des legs à 1,000 as n'ait plus été possible quand une femme ne pouvait pas être instituée héritière et pouvait seulement recevoir des legs; autant aurait valu l'exclure complétement des successions testamentaires. Mais là où elle pouvait être instituée héritière, il n'y avait pas d'inconvénient à limiter les legs et il y avait même avantage à empêcher l'émiettement des patrimoines. Le passage où Gaïus mentionne l'abolition de la loi Furia n'est pas assez précis pour faire rejeter absolument cette supposition. On peut même invoquer en sa faveur un passage de Cicéron où les deux lois sont mentionnées concurremment et mises sur la même ligne. Quoi qu'il en soit, cette dernière et restreinte application de la loi Furia a disparu certainement avec la loi Falcidia au vııı^e siècle de Rome.[1]

Mais revenons au deuxième chef de la loi Voconia, qui régissait incontestablement la plus grande partie des fortunes. D'après ses termes, le plus qu'un légataire pût recevoir était la moitié du patrimoine, car en supposant que le legs fût unique, il ne pouvait dépasser la part de l'héritier. Ce n'est pas à dire pour cela que l'héritier eût toujours la moitié, mais sa part ne pouvait ê-

---

[1] Cicéron, *pro Balbo*, c. 8 : « *Tulit apud majores nostros legem C. Furius de testamentis; tulit Q. Voconius de mulierum hereditatibus; innumerabiles aliæ leges de civili jure latæ sunt (quæ Latini voluerunt, asciverunt)*. V. M. Bachofen, § 11.

tre réduite qu'à mesure que les legs se multipliaient et dimi-
nuaient d'importance [1]. Le premier chef de la loi avait pour effet de procurer aux hommes le bénéfice exclusif des institutions
d'héritier : le second empêchait que les institutions ne fussent
rendues illusoires par l'importance des legs. Plusieurs auteurs
ont prétendu qu'une limitation spéciale avait été en outre apportée à la capacité que les femmes avaient de recevoir à titre
de legs. Même après la découverte du passage si décisif de Gaïus,
M. Lafferière a repris cette idée en s'appuyant sur un passage
de Dion Cassius relatif au testament d'Auguste et ainsi conçu :

Κατελειπετο δε εν αυταις τα μεν δυο μερη του κληρου τω τιβεριω, το δε
λοιπον Λιουια, ωσ τινες λεγουσιν· ινα γαρ τι εκεινη της ουσιας αυτου
απονηται παρα της ϐουλης ητησατο τοσουτον αυτη και παρα τον νομον
καταλιπειν δυνηθηναι. κ. τ. λ. l. **LVI**, c. **32.**

Puisqu'Auguste, dit M. Laferrière, eut besoin d'un décret
spécial du Sénat pour donner à Livie le tiers de son patrimoine,
il fallait que la quotité disponible au profit des femmes fût inférieure au tiers et il la fixe par induction au quart. Cette interprétation est d'autant plus malencontreuse que s'il s'agissait d'un
legs, la loi Voconia n'aurait rien eu à voir au testament d'Auguste, son second chef ayant été expressément aboli dès l'année
714 par la loi Facidia. Mais en réalité Auguste avait institué Livie héritière comme l'indique suffisamment Dion et comme le
disent encore plus clairement Tacite et Suétone. Or une institution d'héritier tombait sous le premier chef de la loi Voconia
pour quelque part que ce fût, en sorte que le passage allégué ne
prouve absolument rien dans la question. D'ailleurs le décret

---

[1] Cette nouvelle disposition réagit sur la transmission des *sacra privata* ; auparavant un légataire n'en était tenu qu'autant que son legs
dépassait la part de l'héritier : *Si major pars pecuniæ legata est, si
inde quippiam ceperit,* à quoi, dans la nouvelle théorie inaugurée par
le pontife Scœvola, on substitua : *Qui morte testamentove ejus tantum-
dem capiat quantum omnes heredes.* Ciceron, *de legibus,* l. ii, c. 19.

spécial du Sénat avait trait aux prohibitions de la loi Papia-
Poppæa et non à celle de la loi Voconia en dehors de laquelle
Livie se trouvait placée par le fait.[1]

On n'a au surplus qu'à lire attentivement le discours contre
Verrès pour se convaincre qu'aucune limitation spéciale aux
legs faits aux femmes n'existait dans la loi Voconia. L'argumentation de Cicéron exigeait qu'il en parcourût toutes les dispositions. La meilleure preuve, dit-il à son adversaire, que dans l'é-
dit où vous avez rappelé le premier chef de la loi , vous n'aviez
en vue que la succession d'Annius, c'est que vous n'avez pas dit
un mot de son second chef : et vous n'en avez pas parlé parce
qu'il ne vous servait de rien contre la malheureuse pupille que
vous vouliez dépouiller : « *Ac si hoc juris non unius homi-*
» *nis causa edixisses, cautius composuisses. Scribis* SI QUIS
» HEREDEM FECIT, FECERIT; *quid si plus legarit quam ad he-*
» *redem, heredes ve perveniat, quod per legem Voconiam, ei*
» *qui census sit, non licet ? Cur hoc , cum in eodem genere*
» *sit non caves ? Quia non generis sed hominis causam ver-*
» *bis amplecteris, ut facile appareat te pretio esse commo-*
» *tum.* »

Malgré cela on a cru trouver la trace d'une limitation spéciale
aux femmes dans une déclamation de Quintilien intitulée *Fraus
legi Voconiæ : ne liceat mulieri nisi dimidiam partem bono-*

---

1 Nous verrons plus loin qu'aux termes des lois Papiennes, les femmes
qui avaient le *Jus liberorum* se trouvaient affranchies de la prohibition
de la loi Voconia. Or Livie avait reçu ce droit par un décret du Sénat
(Dio Cassius, l. LV, c. 2). Elle pouvait donc librement être instituée héritière par tout citoyen ; mais vis-à-vis de son mari elle était soumise au
Jus decimarum, et, en fait, elle ne pouvait recevoir de lui que deux
décimes, l'une comme épouse, l'autre au nom de son fils Tibère. Pour
qu'Auguste pût lui léguer un tiers il fallait un privilége du Sénat. Cette
explication est donnée par Godefroy. Heineccius, Schulting, (v. édit. de
Dio Cassius de Reimar hic) et par M. Machelard, *Du droit d'accroissement*, p. 158, note 2.

rum dare [1], et où reviennent souvent ces expressions : *Quæ lex tamen qualis est? Ne liceat mulieri plusquam dimidiam partem bonorum suorum relinquere.* Cette déclamation comme toutes celles du même genre n'a rien de juridique et la preuve s'en trouve dans la position même du fait placée en tête : « *Quidam duas mulieres dimidiis partibus instituit here-* » *des : testamentum cognati arguunt,* » alors que le premier chef de la loi prohibait d'une façon absolue l'institution des femmes comme héritières. On s'explique toutefois très-facilement l'erreur de Quintilien ou du rhéteur auteur de cet opuscule. De son temps la loi Voconia n'était guères plus qu'un souvenir historique, et pour les personnes étrangères à la science du droit elle devait se formuler comme empêchant qu'une femme reçût par testament plus de la moitié d'un patrimoine. Effectivement dans le système de la loi c'était le maximum apporté à sa capacité puisque d'autre part elle ne pouvait être instituée héritière. On n'aurait pas dit cela des hommes qui, quoique ne pouvant recevoir que la moitié à titre de legs, pouvaient être institués héritiers pour le tout.

On doit entendre de la même façon l'histoire du testament de Fadius racontée dans le traité *de Finibus.* Cet homme, ne pouvant faire héritière sa fille unique Fadia, avait institué un nommé Sextilius à la charge de rendre l'hérédité à sa fille. Celui-ci s'y refusait et entre autres raisons il alléguait à ses amis le serment qu'il avait fait d'observer la loi. Personne parmi eux, dit Cicéron, ne prétendit qu'il dût restituer plus *qu'il ne pouvait* parvenir à la fille du testateur d'après la loi Voconia [2]. Mais Sextilius qui, s'il se fût conformé au sentiment des gens de bien

---

[1] Déclamatio CCLXIV.

[2] *Nemo censuit plus Fadiæ dandum quam posset ad eam lege Voconia pervenire,* de Finibus, l. II, c. 17.

eût dû tout restituer, garda l'hérédité entière en niant l'existence du fidéicommis. Le lien de conscience que Sextilius mettait eu avant ne pouvait pas dépasser la portée de la loi ; or d'après elle Fadius aurait pu léguer à sa fille une part de son patrimoine, *la moitié,* et pour cette moitié le serment prêté par Sextilius ne s'opposait nullement à ce qu'il fît la restitution demandée. C'est la seule interprétation que comporte ce passage. La manière dont Cicéron présente la loi Voconia dans le traité de la République est plus embarrassante : « *Hic juris noster in-* » *terpres alia nunc Manilius jura dicat esse de mulierum le-* » *gatis et hereditatibus, alia solitus sit adolescens, nondum* » *Voconia lege lata.* » La loi Voconia avait donc un chapitre spécial aux legs faits aux femmes ! Cette induction ne peut cependant pas prévaloir contre l'exposé si complet que Cicéron lui-même a fait des différents chefs de la loi dans la Verrine. Ici il a voulu seulement faire allusion au rapport dans lequel ses différentes dispositions se trouvaient entre elles et il pouvait d'autant mieux à ce point de vue présenter le second chef comme un corrollaire du premier que très-probablement la limitation des legs avait été introduite surtout dans la vue de frapper les femmes et qu'on lui avait donné un caractère général uniquement pour la faire accepter plus facilement par les comices.[1]

MM. Hasse et Bachofen mettent une grande insistance pour montrer que la loi Voconia devait avoir un chapitre spécial aux legs faits aux femmes, tout en convenant que ce chapitre se bornait à leur appliquer la limitation générale. Réduite à ces termes la controverse n'a plus d'importance, car nous ne pouvons

---

[1] Freishemius dans son supplément à Tite-Live, l. xli, cap. 34, a indiqué cette idée : « *Hoc quidem posterius legis caput facile se populo* « *probabat quod et æquissimum videretur, nec cuiquam magnopere* « *grave esset : superiore ambigebatur* etc.

avoir la prétention de rétablir le texte même de la loi. Il nous suffit de mettre en lumière son esprit et son économie générale.

Il faut remarquer dans le passage de Gaïus, cité en tête de cet article, l'assimilation faite par la loi entre les legs et les donations à cause de mort ou plus généralement entre les legs et toutes les libéralités recueillies à titre de mort : *Ne cui legatorum nomine mortisve causa*...... [1]. Cette assimilation avait déjà été faite par la loi Furia et existait également pour la transmission des *sacra privata* non-seulement d'après la théorie de Scœvola, mais encore d'après celle des anciens pontifes. Cette mention, comme l'application de l'*usureceptio* à la donation à cause de mort, indique la place que cette institution occupait dans les mœurs juridiques de l'ancienne Rome [2]. Les avantages recueillis à cause de mort furent également assimilés aux legs pour l'application des lois Papiennes.

---

[1] La loi Cincia ne s'appliquait qu'aux donations entre vifs. Mulhenbruch, *Doctrina veter. Pandectar.* § 759, et M. Etienne, *Institutes expliquées*, t. I, p. 299 note 1, remarquent, avec grande raison, que l'expression *mortis capio* a un sens plus étendu que *mortis c. donatio*, et que cette dernière expression est quelquefois employée dans un sens trop large. V. Dig. fr. 36, 37 et 38, *De mort. c. donation.*

[2] Gaïus, com. II, § 225; Cicero, *De legibus*, l. II, c. 19 et 20; Gaïus, c. II, §§ 59 et 60.

Article 4. — *Sanction de la loi.*

L'institution d'une femme pour héritière était évidemment frappée d'une nullité absolue ; c'est ce qui ressort de la discussion de Cicéron dans l'affaire du testament d'Annius Asellus. La nullité de l'institution entraînait la chute du testament tout entier à moins qu'il n'y eût une substitution, de seconds héritiers selon l'usage généralement suivi.

Quand le testateur n'avait qu'une fille unique et qu'il l'avait instituée héritière, le testament tombait et il y avait lieu à la dévolution *ab intestat*. Or c'est précisément cette même fille, si elle était *in potestate*, qui en profitait et qui recueillait la succession entière sans aucune charge de legs. Ce résultat peut paraître singulier au premier abord, mais il est très-rationnel si on se réfère à l'explication que nous avons proposée plus haut, p. 33, d'après laquelle l'annulation du testament assurait le maintien de la tutelle légitime des agnats.

Il est à peu près impossible de décider si les legs dépassant la part des héritiers étaient complétement annulés ou seulement réduits. Nous inclinons cependant pour cette dernière opinion qui paraît mieux répondre aux textes de Gaïus et de Cicéron. Ce n'est pas au testateur que la loi s'adresse et qu'elle fixe un maximum ; c'est au légataire qu'elle défend de recevoir plus, *ne plus capere licet* . . . . . . Il ne doit pas parvenir au légataire plus qu'aux héritiers, *quid si plus legarit quam ad heredem heredes ve perveniat* . . . . . Quoi qu'il en soit, il est certain que les prohibitions de la loi Voconia n'étaient pas sanctionnées par une peine du quadruple, comme celles de la loi Furia.

Un passage de Pline-le-Jeune pourrait faire croire qu'elle attribuait à l'*ærarium* les dispositions faites au mépris de ses
prescriptions : « *Locupletabant et fiscum et ærarium non tam*
» *Voconiæ et Juliæ leges quam majestatis singulare et uni-*
» *cum crimen eorum qui crimine vacarent.* » (Panégyrique,
c. 42). Après les nombreuses explications de Cicéron sur cette
loi, nous nous refusons à croire qu'une sanction de ce genre ait
à l'origine fait partie de son système : nous pensons plutôt que
l'attribution à l'*ærarium* des hérédités laissées aux femmes fut
inaugurée par les lois Papiennes. Une disposition spéciale de
ces lois les aurait considérées comme caduques et par conséquent attribuées à l'*ærarium* à défaut de *patres* nommés dans
le testament. On objectera peut-être que ces institutions étant
contraires au droit civil devaient être réputées non écrites et
réglées par l'ancien droit. Mais ce point de vue doit être aban-
donné, si l'on considère qu'un des principaux avantages du
jus liberorum était de relever les femmes de l'incapacité créée
par la loi Voconia , quand d'ailleurs pour une autre raison elles
se trouvaient en dehors des peines établies par les lois nouvelles. Il eût été absurde dès lors de regarder comme nulle *ab ini-*
tio l'institution d'héritièr faite au profit d'une femme qui avait
la *solidi capacitas*, par exemple d'une fille ou d'une cognate
du testateur ; on devait au contraire admettre qu'elle recueille-
rait le bénéfice de l'institution , si dans les cent jours qui sui-
vaient l'ouverture du testament elle avait acquis le *jus libero-*
rum, ou au moins la moitié si elle se mariait dans ce même dé-
lai : s'il en était ainsi, en cas de défaillance, on devait regarder
la disposition comme caduque et non pas comme non écrite, en
un mot appliquer les règles du *jus capiundi* et non pas celles
de la *testamenti factio*. La position de la femme nous paraît
être tout à fait la même que celle du Latin Junien , qui avait
bien la *testamenti factio* en principe , mais qu'une loi spéciale
empêchait de recevoir. Or les dispositions faites en sa faveur é-

taient valables s'il acquérait le droit de cité dans les cent jours après l'*apertura tabularum* et caduques dans le cas contraire.[1]

A défaut de preuves positives notre conjecture a au moins le mérite d'expliquer très-naturellement le passage de Pline.

D'après une opinion aujourd'hui en faveur en Allemagne, la loi Voconia aurait établi un impôt sur les hérédités analogue à celui de la loi *Julia vicescimaria*. Cette supposition n'explique nullement le passage de Pline, car comment sous Trajan la loi Voconia eût-elle été en vigueur concurremment avec la loi d'Auguste? D'ailleurs, pour qui se rend compte de l'esprit public à Rome au vi^e siècle, il est impossible d'admettre l'établissement d'un impôt sur les successions : puis nous savons par le témoignage formel d'Appien[2] que le premier impôt de ce genre fut établi en 714 par les triumvirs.

Il paraît qu'au temps de la République on avait exigé des citoyens le serment de ne rien faire contre la loi *Voconia*[3]. Ce serment devait probablement être prêté devant les censeurs lors de la *professio*. Ce mode de sanction était alors tout à fait dans les mœurs des Romains et les exemples en sont assez nombreux.[4]

A l'époque de la loi Voconia et même plus tard, le désir de conserver une complète liberté dans son testament ne pouvait pousser personne à ne pas se faire inscrire au cens : cette institution était

---

[1] *Ulpian. Reg.*, t. xxii, § 3; Gaïus, c. ii, § 275.

[2] *Appian.* v, 67. Dio, l. lv, e. 25. V. Bachofen, *Die lex Voconia*, § 29. MM. Rudorff et Huschke, *Zeitschrifft*, t. 12, p. 386 et t. 15, p. 190. M. Machelard, *Droit d'accroissement*, p. 207.

[3] Cicero, *De finibus*, l. ii, c. 17.

[4] Ainsi, au rapport d'Aulu-Gelle (l. ii, chap. 24, § 2), un sénatus-consulte somptuaire du ve siècle obligeait les principaux citoyens à prêter devant les consuls le serment d'obéir scrupuleusement à ses dispositions. On trouve deux autres exemples semblables dans la vie de Caton d'Utique, de Plutarque, chap. 22,

alors en pleine vigueur, la jouissance des droits politiques et ci-
vils dépendait de l'inscription sur les registres et la peine de
la servitude était prononcée contre ceux qui ne se présentaient
pas devant les censeurs. Cette peine ne fut jamais abolie expressément : Cicéron en parle comme étant pleinement en vigueur
de son temps et Ulpien la mentionne encore. Seulement comme
à partir de Sylla le cens ne fut plus tenu que d'une façon très-
irrégulière, on ne dut plus appliquer cette peine que de loin en
loin. C'est ce qui fait que sous l'Empire, quand le cens avait
complétement perdu son caractère, le jurisconsulte Arrius Me-
nander a pu la regarder comme tombée en désuétude [1]. Il n'en
est pas moins vrai que sous la République et tant qu'il y eut un
véritable cens, le système de la loi Voconia trouvait une sanction
très-efficace dans la rigoureuse obligation où tous les citoyens
étaient de se présenter devant les censeurs. M. Bachofen a péremptoirement démontré la fausseté de l'allégation de M. de
Savigny d'après lequel la peine de la servitude aurait été abolie
à l'époque où la victoire de Paul-Emile sur Persée rendit inutile
tout impôt sur les citoyens. Ce que dit Montesquieu que « telle
« était la force de la nature que des pères, pour éluder la loi
« Voconia, consentaient à souffrir la honte d'être confondus
« dans la sixième classe avec les prolétaires et ceux qui étaient
« taxés pour leur tête, ou peut-être même à être renvoyés dans
« les tables des Cærites, » et toutes les assertions semblables
d'interprètes plus récents doivent être rangées parmi les fables.
Le défaut de tenue du cens explique seul la masse de citoyens
qui n'étaient pas recencés au VIIe siècle de Rome. et qui alors
en profitaient tout naturellement pour instituer leurs filles
héritières.

---

[1] Cicero, *Pro Cœcina*, 34 ; *Ulpian. Reg.*, t. XI, § 11. Arrius Menan-
der, Dig. *De re militari*, fr. 4, § 10. Denys d'Hal. l. IV, c. 15.

ARTICLE 5. — *D'un corollaire de la loi Voconia en matière de succession ab intestat.*

Le jurisconsulte Paul dans ses Sentences (l. IV, t. VIII § 22), s'exprime ainsi : « *Feminæ ad hereditates legitimas ultra con-* » *sanguineas successiones non admittuntur, idque jure ci-* » *vili Voconiana ratione videtur effectum ; cæterum lex* XII » *tabularum nulla discretione sexus agnatos admittit.*[1] » Il ne faut pas en conclure que la loi Voconia ait établi ce droit nouveau. Non-seulement Cicéron et Gaïus la représentent comme s'appliquant exclusivement à la dévolution testamentaire, mais encore ce dernier jurisconsulte dit expressément dans son troisième commentaire que cette limitation venait du droit coutumier : § 14 , « *Quod ad feminas attinet in hoc jure aliud in ipsorum hereditatibus capiendis placuit, aliud in cætero-rum bonis ab his capiendis, nam feminarum hereditates per-inde ad nos agnationis jure redeunt atque masculorum, nos-træ vero hereditates ad feminas ultra consanguineorum gra-dum non pertinent,* » et Justinien ajoute (Instit., l. III , t. II, § 3 : « *Media autem jurisprudentia, quæ erat lege* XII *tabu-* » *larum junior, imperiali autem dispositione anterior, sub-* » *tilitate quadam excogitata præfatam differentiam induce-* » *bat*...... » Enfin Théophile dans sa paraphrase désigne les *prudentes* comme les auteurs de cette innovation.

---

[1] Aj. *Ulp. Reg.*, l. XXVI, § 6 V. sur ce point quelques observations excellentes de Ganz, *Das Erbrecht*, t. II, p. 384. V. encore un fragment de Paul dans la *Collatio*, t. XVI, c. III, § 3, et Cod. Inst., l. 14, t. *de leg. hered.*

Il n'en est pas moins vrai que l'exclusion des femmes des successions *ab intestat* au delà du degré de sœur a été la conséquence de la loi Voconia et que la donnée historique de Paul doit être acceptée sans hésitation. La loi des XII tables plaçait, en ce qui touche les successions, les femmes sur un pied complet d'égalité vis-à-vis des hommes, tout en organisant d'autre part la tutelle agnatique pour maintenir les biens dans les familles. Ce fut seulement au VIe siècle, quand cette tutelle eut perdu son efficacité qu'un principe opposé s'introduisit dans la législation: Rien de plus naturel qu'on ait alors complété dans l'ordre des successions *ab intestat* ce qui avait été fait pour la dévolution testamentaire.

Il n'y a rien d'étonnant à ce que la *disputatio fori*, l'accord des jurisconsultes, ait pu faire passer dans la législation un principe aussi considérable. Les décisions des prudents ont été à une certaine époque une des sources les plus actives du droit et c'est précisément dans le siècle qui a suivi la loi Voconia qu'ils paraissent avoir joui du plus grand crédit ; qu'ils ont notamment introduit le *jus adcrescendi* et la *querela inoficiosi testamenti*, institutions au moins aussi importantes que celle dont nous parlons.[1] Nous avons, dans notre premier chapitre (p. 20), indiqué à quelle époque ils ont commencé à exercer une action importante sur le droit. On ne peut donc ni reculer ni avancer beaucoup au-delà de l'époque de la loi Voconia la restriction coutumière du droit de succession des femmes.

Le principe de masculinité établi ainsi par la jurisprudence eut une durée beaucoup plus longue que les dispositions mêmes de la loi : tandis que celles-ci, en partie abrogées sous Auguste,

---

[1] V. dans le fragment de Pomponius au Dig. *De origine juris*, la série des jurisconsultes de cette époque, et dans les ouvrages de Cicéron les nombreuses allusions qu'il fait à leurs innovations juridiques.

étaient dès le IIe siècle de l'ère chrétienne tombées en désuétude complète, le droit exclusif des agnats dans les successions *ab intestat* demeura en vigueur jusqu'à Justinien. Seulement la *bonorum possessio unde cognati* ouverte aux femmes comme aux hommes et le droit de succession accordé aux mères sur les biens de leurs enfants par le sénatusconsulte Tertyllien en atténuèrent de beaucoup la portée.

CHAPITRE III.

De l'application de la loi Voconia dans les siècles suivants.

I. — L'histoire de la loi Voconia est un des exemples les plus saisissants de l'inefficacité des lois prohibitives pour redresser les mœurs. Si la société romaine eût pu être sauvée, c'eût été par la liberté et par l'effort de cette initiative individuelle que son ancienne législation respectait si profondément. Mais les principes de morale qui devaient guider la conduite de chacun étaient oblitérés et flottaient incertains même dans les esprits les plus honnêtes, qui ne pouvaient plus avoir la foi irraisonnée de leurs pères en la tradition nationale et qui n'étaient pas encore éclairés par la lumière universelle et véritablement rationnelle de la religion vraie.

Un tel état social et moral étant donné, la loi Voconia ne pouvait pas faire qu'on fît un bon usage du testament; elle ne redressa en rien les mœurs publiques et privées et par le rôle que nous voyons jouer dans la conjuration de Catilina aux femmes des premières familles de Rome nous pouvons juger qu'elles n'étaient ni moins riches ni plus retenues que quand elles remplissaient le forum pour faire abolir la loi Oppia.

Dès le temps de sa promulgation, la loi Voconia se trouva en désaccord avec le courant général des idées : ce sentiment ne fit que croître, et un siècle après Cicéron, parcourant les lois et ja constitution de son pays dans le traité de la République, la qualifiait d'arbitraire et d'injuste, et toutes les fois qu'il racontait les détours employés par des pères pour l'éluder, il proclamait bien haut qu'ils n'avaient fait qu'obéir à la nature, qu'ils avaient pour eux le concours et l'approbation de tous les honnêtes gens [1]. Un certain nombre de villes latines empressées à imiter la métropole l'avaient adoptée [2], mais à Rome même l'opinion, aidée en cela par les jurisconsultes et par le préteur qui interprétait la loi de la façon la plus restrictive , ne tarda pas à engager une lutte ouverte contre ses dispositions. C'est probablement au désir de les enfreindre que se rapporte l'institution des fidéicommis. Ce mode de disposition avait été jusque là inconnu et on ne dut songer à l'employer que quand les lois restrictives se multiplièrent. Mais ils n'avaient encore aucune force obligatoire et il dépendait uniquement de la bonne foi de l'héritier institué d'effectuer la restitution demandée. Cicéron dans son traité *de Finibus*, voulant mettre en relief la lutte du devoir et de l'intérêt rapporte deux exemples de fidéicommis, employés précisément pour éviter les prohibitions de la loi Voconia : dans le premier cas il s'agit d'un certain Sextilius qui refusa impudemment de rendre à une fille l'hérédité que son père

---

[1] « P. Annius Asellus..... *cum haberet filiam unicam..... quod eum* « *natura hortabatur lex nulla prohibebat fecit ut filiam bonis suis* « *heredem institueret.* » *In Verrem,* l. i, c. 43. V. ibid., c. 44 : « *Tenuit permagnam Sextilius hereditatem : unde si secutus esset eorum sententiam qui honesta et recta emolumentis omnibus et commodis anteponerent, ne nummum quidem unum attigisset.* » *De finib.* loc. cit.

[2] Cicéron, *pro Balbo,* c. 8. V. sur les conditions dans lesquelles les cités latines pouvaient adopter le droit civil de Rome. M. Giraud, *Recherches sur le droit de propriété chez les Romains,* t. i, p. 281 à 293. Il paraît même que les préteurs provinciaux avaient étendu par une clause formelle de leur édit l'application de la loi aux habitants des municipes situés en province qui jouissaient de la cité romaine. Cicéron le donne à entendre dans la suite de son discours contre Verrès (lib. i, c. 46). V. M. Bachofen, p. 38 et 39.

l'avait chargé de lui faire passer, dans l'autre d'un vertueux chevalier Sex. Peducœus qui institué héritier par un de ses a- mis alla aussitôt remettre tous les biens qu'il avait recueillis à sa veuve qui comme tout le monde ignorait le fidéicommis [1]. Le sentiment public prenait hautement parti pour le respect de ces dispositions contre la rigueur du droit et Auguste n'en fut que l'interprète quand il obligea les héritiers fiduciaires à exécuter la restitution dont ils étaient chargés.[2]

Mais avant de dire ce que devint la loi Voconia sous l'Empire, nous devons étudier l'action qu'elle exerça sur le développement de plusieurs institutions de droit fort importantes.

Très-vraisemblablement l'usage du legs de partition est né du désir des testateurs de faire arriver au légataire de leur choix la plus grande partie possible de leur patrimoine sans s'exposer à violer le second chef de la loi. Un legs de ce genre obligeait l'héritier à partager avec le légataire, sauf à celui-ci à s'engager par les stipulations *partis et pro parte* à supporter une part proportionnelle dans les dettes [3] : ce qui prouve bien que ces legs se rapportaient aux prohibitions de la loi Voconia c'est que, sauf indication contraire ils s'entendaient de la moitié de la succession et que tous les exemples qui nous en sont rapportés par Cicéron s'appliquent à des femmes [4]. On n'avait pas en gé-

---

[1] *De finibus*, l. ii, c. 17 et 18. Adde 2ª *in Verrem*, lib. i, c. 47 ; Gaïus, com. ii, § 274

[2] *Institutes*, l. ii, t. 23, præm.

[3] *Ulpian. Reg.*, t. xxiv, § 25. Gaïus, com. ii. § 254 : « *Heres meus « cum Titio hereditatem meam partito, dividito.* » Telle était la for- mule de ce legs. Ulpien dit expressément que le legs de partition peut porter sur une quotité inférieure à la moitié : mais nous ne voyons au- cun exemple où la quotité léguée soit supérieure. On n'aurait probable- ment pas admis un pareil legs. Cf. Dig. *de legat. præstand*, fr. 5. § 7.

[4] *Pro Cæcina* c. 4, *Pro Cluentio Avito*, c. 7 ; *in Verrem* lib. i, c. 47 ; Apulej. *Métamorphos.*, l. ix (t. 2, p. 218, édit. Panckouke). A

néral d'intérêt à faire un legs de partition à un homme , alors qu'il était beaucoup plus simple de l'instituer héritier pour une moitié. D'autre part ce genre de legs paraît avoir été inconnu aux plus anciens jurisconsultes, et ne figure pas dans la théorie primitive de la transmission des *sacra* ; tandis qu'il en est longuement question dans celle que formula Scœvola [1] ; ce nous est un indice de plus pour en rapporter l'origine à notre loi.

A la fin du VIe siècle de Rome , le pouvoir du testateur était aussi absolu que d'après la loi des XII tables et ne rencontrait encore aucune limitation dans le développement du droit prétorien, ni dans la *querela inoficiosi testamenti,* ni même dans la nécessité d'exhéréder expressément ceux de ses enfants *in potestate* qu'il ne voulait pas instituer [2]. Ces diverses institu-

ces exemples il faut ajouter une très-belle inscription (Orelli, t. II, n° 4860), contenant un testament que nous reproduisons comme un type des dispositions dernières usitées chez les Romains : MVRDIAE. L. F. MATRIS. SED PROPRIIS. VIRIBVS. ADLEVENT. CÆTERA QUO FIRMIORA PROBABILIORAQVE SINT. OMNES FILIOS ÆQVE FECIT HEREDES PARTITIONE FILIÆ DATA. AMOR MATERNVS CARITATE LIBERVM ÆQVALITATE PARTIVM CONSTAT. VIRO CERTAM PECVNIAM LEGAVIT, etc.

1 Cicero, *De legibus,* l. II, c. 20.

2 La manière dont Gaïus parle de ces diverses restrictions, c. II, § 123 et suiv., indique l'ordre dans lequel elles ont été introduites. La nécessité de l'exhérédation a été la première; or elle n'a dû être érigée en règle qu'au milieu du VIIe siècle, puisque Cicéron en parle comme d'un droit introduit de son temps et après discussion *(De oratore,* I, 38*)* et qui fut réglementé par Aquilius Gallus son collègue dans la préture (a. v. c. 687. Dig. t. *de liberis et posthum. inst. vel. exher.* fr. 29). La *Querela inoficiosi testamenti* date de la même époque. (V. Ganz., *Das Erbrecht,* t. II, p. 115 et suiv. ; Cicero, *in Verrem,* l. I, c. 44, et Valère Maxime, l. VII, c. 7, § 4). Quant au droit prétorien, il s'est établi tout au plus dans la jeunesse de Cicéron. comme le prouve le rapprochement de différents passages du grand orateur. *(De legibus,* l. I. c. 5 et l. II, c. 23 ; 2a *in Verrem,* l. I, c. 42. Adde Dio Cassius, l. XXXVI, c. 23). Mais son développement fut graduel, et il est très-certain qu'au temps de Cicéron, la *Bonor. possessio contra tabulas* donnée contrairement au droit civil

tions ne s'introduisirent que dans le cours du siècle suivant a-
lors que les mœurs étant tout à fait corrompues , les testaments
immoraux ou ineptes se multiplièrent et que l'opinion placée en
présence de scandales trop fréquents fut peu à peu amenée à
préférer aux défaillances possibles des pères de famille soit l'im-
mixtion forcément arbitraire des centumvirs dans les affaires
domestiques soit une réglementation législative qui, si elle appliquait à des cas essentiellement divers et variables une règle
uniforme et inflexible, frappait au moins de haut et de loin.

La première en ordre de date paraît avoir été la nécessité de
l'exhédération et c'est précisément dans la réglementation que
les jurisconsultes firent prévaloir à ce sujet qu'apparaît l'influence de la loi Voconia. On n'obligea le père à exhéréder nominativement que ses fils *in potestate* et seulement *inter cæteros*,

n'existait pas encore, car il n'en fait aucune mention et parle des *Bonorum possessiones* uniquement comme complément et supplément du droit
civil : elle n'a été introduite que sous Auguste (V. M. Demangeat, *Traité
de droit romain* ; t. II, pages 78 à 83); Ulpien, Dig. fr. 1, §§ 1 et suiv.
de Bonor. possessio contra tabulas, semble bien indiquer que la *Bonor.
possessio contra tabulas* fut d'abord donnée *juris civilis confirmandi
gratia*, par exemple contre un testament où le fils *suus* était omis.
La seconde moitié du VIIe siècle de Rome paraît ainsi avoir été la
grande époque du développement de la *disputatio fori* et du droit prétorien : cela s'explique à la fois par la diffusion de l'esprit critique et par
la confusion des pouvoirs politiques qui caractérisent ces temps agités,
V. sur les jurisconsultes de cette époque, Ganz. l c. et Zimmern.
Rechtsgeschichte, §§ 73 à 83. La fixation de la légitime au quart fut la
conséquence forcée de la loi Falcidia. La *Querela inofficiosi testamenti*
ne pouvait porter que contre le défaut d'institution d'héritier. Or en in-
stituant son fils, tous ses enfants même, le père pouvait par des legs leur
enlever les trois quarts de son patrimoine. On devait réciproquement
admettre qu'en leur léguant le quart de ce patrimoine, il pouvait instituer un étranger héritier. De même que le droit de chacun des héritiers à retenir la *quarta falcidia* s'exerçait individuellement contre les
légataires, de même le droit de chacun des enfants exhérédés devait être
divis contre l'héritier institué. *In singulis heredibus ratio legis falci-
diæ ponenda est.*

c'est à dire d'une façon générale , ses descendants d'un degré ultérieur et ses filles. Passait-il sous silence son fils , le testament tombait complètement ; n'omettait-il que son petit-fils ou que sa fille , le testament valait , mais ces personnes omises venaient au partage *jure adcrescendi* au même titre qu'un légataire partiaire selon toute probabilité, et prenaient une part virile si l'héritier institué était un enfant *(suus)* du testateur , ou la moitié s'il était un étranger *(extraneus)* [1]. Dans cette différence faite entre le fils et la fille , dans cette fixation du *jus adcrescendi* à la moitié au plus, les jurisconsultes avaient été évidemment guidés par la pensée que le testateur ne pouvait être blâmé d'avoir omis une personne que la loi lui défendait d'instituer ; et si par faveur la fille omise était considérée comme un légataire partiaire, elle ne pouvait prétendre dans la succession qu'à la quotité fixée par la loi comme la limitation commune des legs et spécialement comme le maximum de ce qu'une femme pouvait recueillir en vertu d'un testament , c'est à dire la moitié.

L'inégalité entre les deux sexes introduite par la loi de Caton *(Voconiana ratio)* se précisa encore mieux quand le préteur couronnant son œuvre par l'établissement de la *bonorum possessio contra tabulas* exigea que tous les enfants du sexe masculin fussent exhérédés nominativement, tandis qu'il se contentait pour les filles d'une exhérédation *inter cœteros* accompagnée d'un legs pour montrer qu'elles n'avaient pas été oubliées. On serrait de près le testateur , pour ainsi parler , mais on tenait compte de la situation qui lui était faite par une

[1] Gaïus, com. II, §§ 123 à 126. *Pauli sentent* , l. III, t. IV B., § 8. *Ulpian. Reg.*, t. XXII. § 14, 17, 20. 21, 22, 23. Cod. 1. 4., t. *de liber prœter*

loi conçue dans un esprit très différent mais toujours en vigueur.[1]

Cette nécessité de l'exhérédation et l'introduction du *jus adcrescendi* qui en était la conséquence, la possibilité d'intenter la *querela inoficiosi* devaient, dans la pratique, modifier beaucoup l'application de la loi Voconia, quoique, comme nous venons de le voir, on eût eu soin de ne pas l'attaquer de front. Mais tandis que le but de la loi avait été de détourner des femmes autant que possible les hérédités et les legs, ces nouvelles institutions avaient pour effet de pousser fortement les pères de famille et les mères à faire des legs importants à leurs filles; et nous voyons par plusieurs exemples datant des viie et viiie siècles de Rome (Valère-Maxime, l. vii, c. 7), que les centumvirs et le préteur donnaient une très-grande extension aux idées de l'*officium pietatis*. On doit donc tenir pour certain que dans les derniers temps de la République, le fonctionnement de la loi Voconia était tout-à-fait faussé.

II. — Son économie fut complètement changée sous Auguste et ses dispositions ne furent plus appliquées que d'une façon tout à fait contraire à son esprit primitif.[2]

---

[1] Gaïus, com. ii, §§ 127 à 132. *Ulpian. Reg.* t. xxii, § 23 et t. xxviii § 2. *Instit.* l. ii, t. xiii. Il faut en rapprocher la différence que le préteur fit entre le patron et la patronne quand il régla leurs droits sur la succession de leurs affranchis. Gaïus, c. iii, § 49.

[2] M. Bachofen (§§ 23 à 26 .), pense que les lois Papiennes, réglant la condition des femmes d'après des principes différents, durent entraîner l'abrogation complète de la loi *Voconia*. Cette supposition est contraire aux témoignages de Pline et de Gaïus qui la représentent comme encore en vigueur de leur temps; nous indiquerons d'ailleurs plus loin comment le système des lois Papiennes se complétait dans plusieurs cas par l'application de la loi Voconia.

Qu'il nous soit permis de dire que l'argumentation de M. Bachofen est très-faible sur ce point : il ne paraît même pas avoir bien saisi l'opinion

Son second chef relatif à la limitation des legs fut d'abord expressément aboli en l'an 714 par la loi Falcidia qui décida que le testateur ne pourrait jamais disposer en legs de plus des trois quarts de son patrimoine, l'autre quart devant assurer à l'héritier institué un intérêt suffisant pour le décider à faire adition. Gaïus nous raconte que le deuxième chef de la loi Voconia n'avait nullement répondu à ce qu'on en attendait, les testateurs ayant la manie de fractionner leur héritage en tant de legs que l'institué conservait en définitive une part trop minime pour compenser les charges de la succession. La loi Falcidia atteignit au contraire pleinement son but et prit une place de plus en plus large dans la jurisprudence [1]. Dès lors il fut possible de léguer à une femme les trois quarts de son patrimoine et la disposition, maintenue encore, qui défendait de l'instituer héritière, perdit beaucoup de son importance. Elle fut elle-même considérablement restreinte par l'application des lois Papiennes et par le droit nouveau qui s'introduisit relativement aux fidéicommis.

Quand Octave-Auguste, après avoir renversé par la violence et par la corruption les institutions républicaines, entreprit de fonder à son profit un gouvernement régulier, il voulut avant tout essayer de remédier à la diminution effrayante de la population romaine et à la stérilité dont elle était frappée par le célibat systématique et par la profanation du mariage. L'immoralité de cette société n'étant égalée que par son âpreté au lucre,

---

qu'il combat, et qui a pour elle l'autorité de MM. de Savigny, Schilling, Rein et Giraud.

Le § 274 du com. ii de Gaïus devient très-probant quand on le rapproche du § 284 même com. : « § 274....... *Mulier...... ... per L. Voconiam heres institui* NON POTEST, *tamen fideicomisso*......... CAPERE POTEST. § 284... *erant etiam aliæ differentiæ* QUÆ NUNC NON SUNT. »

[1] Gaïus, com. ii, §§ 226 et 227.

il basa son système de législation sur des peines pécuniaires infligées aux célibataires et aux personnes mariées sans postérité et sur des récompenses également pécuniaires à ceux qui avaient des enfants. Mais comme l'intérêt de son fisc était non moins cher au prince que celui de l'accroissement de la population, il n'eut garde de puiser ces récompenses dans les caisses publiques [1]. Au milieu des proscriptions qui dans l'espace d'un siècle avaient complètement fait changer de mains le sol de l'Italie, le respect de la propriété privée avait tout à fait disparu ; aussi il parut tout simple à l'ancien triumvir de prendre ses primes à la reproduction dans le patrimoine des familles. L'usage du testament était alors tellement répandu qu'il crut ne pas avoir besoin de toucher aux successions *ab intestat* et se borna à frapper les institutions d'héritier et les legs.

Toutes les dispositions testamentaires faites au profit de célibataires, alors que d'après la loi ils auraient dû être mariés, étaient frappées de caducité pour le tout : celles faites au profit de personnes mariées mais sans enfants l'étaient pour moitié. Les caducs étaient recueillis par les *patres* nommés dans le testament, à leur défaut par l'*ærarium* : l'on considérait comme *pater* l'homme qui avait un enfant actuellement vivant. Les

---

[1] « *Lex Papia Popœa, quam senior Augustus post Julias rogationes incitandis cœlibum pœnis et augendo ærario sanxerat,* » dit Tacite, Annales, l. III. c. 25. Le système de législation civile d'Auguste se compose des lois suivantes, toutes inspirées par la même pensée : *Lex Julia de adulteriis et de fundo dotali,* en 737 ; *lex Julia de maritandis ordinibus,* en 737 ; *lex Ælia Sentia,* en 757 ; *lex Julia de vicesima hereditatum,* en 759 ; *lex Furia Caninia,* en 761 ; *lex Papia Popœa,* en 762 ; *lex Julia Norbana,* en 772. Cette dernière loi est de Tibère ; du reste sous ce prince les lois Papiennes furent remaniées comme nous l'apprend Tacite (l. c.), et ce n'est même que la loi sortie de ce remaniement législatif que nous connaissons. V. Zimmern, *Rechtsgeschichte von Augustichen leges,* §§ 33 à 37, et Machelard, *Du droit d'accroissement,* chap. II.

femmes n'avaient jamais le droit de revendiquer les caducs, mais le fait d'avoir mis au monde trois enfants (ou quatre s'il s'agissait d'une affranchie) leur donnait le droit de recevoir en entier les dispositions faites à leur profit. A côté de ces incapacités et de ces privilèges, la faculté de recevoir la totalité des dispositions testamentaires *(solidi capacitas)* était accordée à certaines personnes et notamment aux cognats jusqu'au sixième degré. Enfin le droit ancien était complètement maintenu en faveur des ascendants ou des descendants jusqu'au troisième degré. Tel est en résumé le fonds des lois Papiennes, dégagé de beaucoup de dispositions accessoires tendant à multiplier les causes de caducité, établissant une capacité spéciale pour recevoir entre époux ou créant des peines fiscales.

Ces lois s'écartaient complètement des principes juridiques et philosophiques que les jurisconsultes et le préteur faisaient prévaloir depuis un siècle dans la jurisprudence, et elles formèrent une sorte de droit anomal dans l'ensemble des institutions romaines jusqu'à ce que les empereurs chrétiens les eussent abolies. Elles étaient non moins opposées au vieux système de la famille aristocratique et de la discipline domestique que la loi Voconia avait eu pour but de restaurer et dont le dernier vestige allait bientôt disparaître par la suppression de la tutelle des agnats. [1]

Si Auguste maintint la loi Voconia ce fut uniquement pour donner plus de prix au *jus capiundi* attribué aux femmes sous

---

[1] On trouvera dans le grand ouvrage de M. Bachofen *(Das mutterrecht, eine untersuchung uber die gyneocratie der alten welt,* un vol. in-4° Stuttgart. 1861), des aperçus très-ingénieux sur les nouvelles idées qui, à partir d'Auguste, inspirèrent la législation sur la famille. Il indique notamment p 389 et 414, l'importance que ce prince attribuait à la *fecunditas muliebris* dans les institutions qu'il fondait. Les hommes de la démocratie césarienne voyaient là une chose à développer et à réglementer de par l'autorité publique.

certaines conditions. Voici comment les deux lois devaient se combiner : [1]

Les femmes qui avaient le *jus liberorum* pouvaient évidemment en vertu de la disposition expresse des lois Papiennes recueillir en plein toutes les institutions d'héritiers aussi bien que les legs. Ce *jus liberorum*, on l'a aujourd'hui pleinement démontré, ne leur donnait qu'une sorte de *solidi capacitas;* s'il constituait une récompense c'est précisément parce qu'il les soustrayait à la prohibition de la loi Voconia qui demeurait le droit commun ; et quand elles avaient cette *solidi capacitas* à un autre titre, de par les lois Papiennes, le seul intérêt qu'elles eussent à acquérir le *jus liberorum* — au moins en ce qui touche la faculté de recevoir — était d'échapper à la loi Voconia, car la simple *solidi capacitas* les laissait sous le coup de son premier chef.[2]

Les institutions d'héritiers faites en faveur de femmes *orbæ* (c'est à dire mariées mais qui n'avaient pas eu le nombre d'enfantements voulus) échappaient également à cette loi, car elles valaient pour une moitié comme récompense du mariage et étaient caduques pour l'autre, comme peine du défaut de postérité.

---

[1] Il va sans dire que ces résultats sont seulement approximatifs, car les dispositions des lois Papiennes étaient très-multipliées et un grand nombre nous sont inconnues.

[2] Ce n'est pas le seul raisonnement juridique qui nous conduit à cette induction. Dion Cassius le dit en termes très-clairs : après avoir rappelé comment les lois Papiennes finirent par être acceptées, Auguste, dit-il, accorda à certaines femmes la faculté de recevoir alors que la loi Voconia le prohibait (l LVI, c. 10, v. le texte cité p. 31). Il ne faut pas voir là un privilége purement personnel et arbitraire. Dion veut dire que l'effet des lois nouvelles fut de soustraire les femmes dans certains cas à l'application de la loi Voconia, et ce qui le prouve bien c'est qu'il ajoute, que les Vestales, quoique célibataires, reçurent tous les avantages attribués au *Jus liberorum*, c'est-à-dire le droit d'être instituées héritières, malgré la prohibition commune.

Quant aux femmes célibataires et qui ne pouvaient se prévaloir d'aucune exception , la prohibition absolue de recevoir qui
les frappait de par la loi Julia absorbait la prohibition beaucoup
moins étendue de la loi *Voconia.*

Mais cette dernière loi continuait à frapper les femmes, qui
échappaient aux prohibitions des lois Papiennes, parce qu'elles
n'avaient pas encore atteint ou avaient dépassé l'âge auquel le
mariage était obligatoire , et généralement toutes celles qui a-
vaient la simple *solidi capacitas ,* par exemple les cognates du
testateur jusqu'au sixième degré, de même encore les femmes
qui se trouvaient dans un temps de *vacatio* : toutes ces femmes
ne pouvaient pas être instituées directement héritières par un
citoyen porté sur les registres du cens pour plus de cent mille as.

Enfin , ce qui est fort important, le maintien du *jus anti-
quum* dont les descendants et les ascendants du testateur conti-
nuaient à bénéficier laissait les femmes soumises à l'application
de la loi Voconia : ainsi un père continuait à ne pas pouvoir instituer sa fille pour héritière ni un fils sa mère, à moins qu'elle
n'eût le *jus liberorum.* C'est la possibilité d'échapper à cette
peine qui pouvait seule exciter à se marier et à avoir des enfants
les femmes auxquelles les lois d'Auguste accordaient des exemp-
tions : se marier, acquérir le *jus liberorum,* permettaient ainsi
à une fille de recevoir la succession de son père, à une femme
agée de moins de vingt ans de recevoir l'hérédité de quiconque
l'instituait, etc. Nous insistons sur ces exemples parce que c'est
pour n'y avoir pas assez fait attention, qu'on a méconnu l'économie de ce système législatif. [1]

---

[1] Le système des lois Papiennes ne fut complété que sous Claude (Ulpien, *Règles,* t. xvi, § 3). Au fur et à mesure que la pratique en indiquait les lacunes, de nouveaux sénatus-consultes s'offorçaient de faire ren-

Et cependant, malgré le rôle qu'on lui avait conservé, la prohibition de la loi Voconia pouvait être facilement éludée, depuis qu'Auguste avait rendu les fidéicommis obligatoires et que sous Néron le sénatusconsulte Trébellien en avait définitivement assuré la restitution. Leur utilité consistait précisément à éluder les prohibitions légales. Le législateur pour empêcher la fraude à la loi eut soin par des actes spéciaux d'étendre aux fidéicommis les principales prohibitions et notamment celles des lois Papiennes ; mais il ne songea jamais à les soumettre à la disposition de la loi Voconia à laquelle on n'attachait plus aucun intérêt [1]. Donc on avait la faculté de laisser son hérédité à une femme par fidéicommis alors qu'on n'aurait pu l'instituer directement. La nécessité de prendre ce détour amenait néanmoins une conséquence pratique importante, c'est que les trois quarts du patrimoine pouvaient seulement parvenir à la femme, l'autre quart devant rester entre les mains de l'héritier fiduciaire en vertu du sénatusconsulte Pégasien (rendu sous Vespasien) qui lui avait donné un droit analogue à celui que l'héritier avait envers les légataires de par la loi Falcidie.[2]

---

trer sous leurs prescriptions ceux qui y échapaient. Suivant la combinaison de ces divers textes législatifs, la loi Voconia dut avoir un champ d'application plus ou moins étendu. Mais ce sont là des questions d'espèce qui, si elles durent préoccuper beaucoup les jurisconsultes contemporains, n'ont pour nous aucun intérêt scientifique.

[1] Gaïus, com. II, §§ 274, 275, 284 à 287.

[2] Il faut ici noter l'établissement du testament militaire dont la première idée remonte à César et qui caractérise si bien la politique de l'Empire. Non-seulement les militaires avaient le droit de tester quoique fils de famille et étaient affranchis de toutes les formes légales, mais encore ils pouvaient instituer pour héritiers des personnes qui n'avaient ni le *jus capiendi* ni même la *testamenti factio*. Ils pouvaient donc faire héritière une femme malgré la loi *Voconi* et malgré les lois Papiennes. V. Dig. *De testamento militis*, fr. 1, § 1 et fr. 13, § 2. Cod. eod. tit l. 4. Gaïus, com. II, §§ 110 et 111.

Mais pour qu'une institution directe fût invalidée, il fallait toujours que le testateur fût porté sur les registres du cens pour une somme de plus de cent mille as. Or sous l'Empire la tenue du cens fut très-irrégulière. Auguste le fit exécuter deux ou trois fois sous son règne, mais après lui il fut très-négligé et finit par perdre tout à fait son ancien caractère et n'être plus qu'un rôle local d'impositions [1], en sorte que peu à peu la condition matérielle de son application fit défaut à la loi Voconia.

De loin en loin cependant elle pouvait être appliquée, et cela explique comment sous le règne de Trajan, Pline-le-Jeune la faisait figurer dans une période oratoire, et comment, même un demi-siècle après, un jurisconsulte exact tel que Gaïus croyait encore utile de la rappeler. Mais à la même époque Aulu-Gelle en parlait comme d'une loi complètement abrogée, parce qu'étranger au forum et saisissant mal probablement les différences qui existaient entre une institution directe et une institution fidéicommissaire, il voyait qu'en pratique on n'en tenait aucun compte [2]. Ulpien et Paul n'en font aucune mention quoique

---

[1] Sur le cens pendant l'Empire, v. Dureau-Lamalle, *Economie politique des Romains*, l. i, ch. 19, t. i; M. Serrigny, *Droit administratif des Romains*, t. ii, p. 214; Huschke, *Census der Kaizerzeit*. M. Bachofen a, dans son § 24 très-bien fait ressortir la différence qu'il y avait entre l'antique cens lustral propre aux seuls citoyens romains, et les recensements administratifs que les empereurs faisaient de temps en temps exécuter par tout l'empire. Mais nous voyons encore Vespasien et Titus célébrer le cens antique (Suétone, Vespasien, c. 8, Titus, c. 6), en sorte que, au moins sous ces princes, la loi Voconia put trouver quelques cas d'application, en admettant que les recensements administratifs ne fussent pas suffisants pour cela.

[2] Lib. xx, c. i, § 23. « *Quid utilius plebiscisto Voconio de coercendis mulierum hereditatibus..... Omnia tamen hæc obliterata et operta sunt civilatis opulentia, quasi quibusdam fluctibus exæstuantis.* » La déclamation de Quintilien citée plus haut ne prouve nullement que la loi Voconia fut appliquée à cette époque, car il puisait ses

l'occasion s'en présentât tout naturellement dans leurs écrits. On peut donc la regarder comme étant complètement tombée en désuétude sous les empereurs syriens. En tout cas un siècle plus tard, quand Constantin eut aboli les peines du célibat et donné à toutes les femmes le *jus liberorum* [1] la législation ne dut plus en garder aucune trace.

En racontant l'établissement de la loi Voconia, nous avons dû étudier le rôle des femmes dans la société domestique et leur influence sur les mœurs publiques aux diverses époques de la République, dans les siècles de force et de grandeur, comme dans ceux où la corruption naissante faisait déjà pressentir la désorganisation de tous les éléments sociaux. Nous ne raconterons pas ce qu'il advint de leur condition sous l'Empire. On la peut résumer en quelques mots : indépendance juridique complète — abolition de la puissance maritale — démoralisation absolue; et le meilleur commentaire de ces tristes temps se trouve dans les satires brûlantes de Juvénal et dans les récits obscènes de Pétrone. La liberté domestique, l'autonomie des familles dont la République avait fait le solide fondement de la liberté générale, était de plus en plus limitée par les constitutions impériales; mais elle était surtout battue en brèche sans relâche dans l'ordre des faits par le despotisme, et en vain les jurisconsultes en retenaient le nom dans leurs écrits, en réalité les familles n'étaient plus rien et César était tout ! [2] Aussi bien cette

thèmes à dissertation aussi bien dans des lois anciennes que dans celles en vigueur de son temps.

[1] *Codex Theodos.* l. viii, t. 16, *De infirmandis pœnis cœlibatus* et t. 17, *De jure liberorum.*

[2] Si l'on veut savoir ce qu'était devenu le testament qu'on lise deux chapitres du Panégyrique de Trajan par Pline-le-Jeune (chap. 42 et 43). A quoi servait aux jurisconsultes d'écrire les règles du droit quand tout appartenait à l'arbitraire ? V. encore Tacite, *Vie d'Agricola*, c. 43

époque ne mérite pas d'arrêter le regard de l'historien ; elle ne peut lui offrir que le spectacle prolongé d'une corruption sans limites et d'une décadence irrésistible : c'est ailleurs désormais, dans les catacombes chez la communauté chrétienne naissante, qu'il faut aller chercher des enseignements de dignité humaine et le secret de la rénovation sociale d'où devaient sortir les na tions modernes.

époque ne mérite pas d'arrêter le regard de l'historien ; elle ne peut lui offrir que le spectacle prolongé d'une corruption sans limites et d'une décadence irrésistible : c'est ailleurs désormais, dans les catacombes chez la communauté chrétienne naissante, qu'il faut aller chercher des enseignements de dignité humaine et le secret de la rénovation sociale d'où devaient sortir les na tions modernes.

Aix. Typ. Makaire, rue Pont-Moreau, 2. — 1867.

9 782013 595407